非暴力沟通

实践篇

Living Nonviolent Communication

[美]马歇尔·卢森堡Marshall Rosenberg / 著　　梁欣琢 / 译

江苏人民出版社

江苏省版权局著作权合同登记号 图字：10-2013-602

图书在版编目（CIP）数据

非暴力沟通实践篇 /（美）卢森堡著；梁欣琢译.
—南京：江苏人民出版社，2014. 10（2022.1重印）
书名原文: Living nonviolent communication
ISBN 978-7-214-13636-7

Ⅰ. ①非… Ⅱ. ①卢… ②梁… Ⅲ. ①心理交往–通俗读物 Ⅳ. ①C912.1-49

中国版本图书馆CIP数据核字（2014）第178862号

书　　名	非暴力沟通实践篇
著　　者	[美] 马歇尔·卢森堡
译　　者	梁欣琢
责任编辑	刘　焱
装帧设计	凤凰含章
出版发行	江苏人民出版社
地　　址	南京市湖南路 1 号 A 楼，邮编：210009
印　　刷	天津旭丰源印刷有限公司
开　　本	718 mm × 1000 mm　1/16
印　　张	15.5
字　　数	166 000
版　　次	2014 年 10 月第 1 版
印　　次	2022 年 1 月第 10 次印刷
标准书号	ISBN　978-7-214-13636-7
定　　价	48.00 元

（江苏人民出版社图书凡印装错误可向承印厂调换）

对马歇尔·卢森堡博士的特别赞誉

我们都应该感谢马歇尔·卢森堡博士。他给我们提供了一个工具，能最有效地促进健康、改善人际关系。非暴力沟通连接了我们的灵魂，使我们得到治愈，并帮助我们发自心底地如实表达人们所做的事是否与我们的需要一致。这种非暴力沟通正是我们的行为中所缺少的。

——迪帕克·乔普拉

（《奇迹：你的人生没有极限》作者）

卢森堡博士给大家展示了简单而成功的沟通方法。不管你面临的问题多么棘手，他的沟通方法都能帮你一一化解。

——安东尼·罗宾

（《唤醒心中的巨人》和《激发无限潜能》两书的作者）

马歇尔的《非暴力沟通实践篇》一书，语言非常清晰，饱含深情和善意，只有那些亲身践行着自己的信仰的人才能体会。这本书让我们愿意敞开心胸，在我们与自己之间，以及其他各种形式的关系中，建立起真正的信任和亲密。

——迈克尔·伯纳德·贝克维斯

（《生命愿景：激活你的独特天赋，挖掘你的最高潜能》作者）

目　录
Contents

非暴力沟通实践篇

Living Nonviolent Communication

非暴力沟通简介

非暴力沟通，简称NVC，是一种强大有效的沟通方式，但远不止于此。同时，它亦是一种我们在世上存在、思考和生活的方式。它旨在促进我们与自己、与他人建立真诚联系，并通过出于善意的给予使每个人的需要都得到满足。它鼓励我们发自内心地给予，帮助我们与自己的内在灵性沟通，帮助我们倾听心中每时每刻涌动的思绪。

我们可以说非暴力沟通是一种善意的语言，但它实际上是一种生命的语言，善心在其中自然而然地生发。这种沟通方式告诉我们如何表达我们心中的感受和想法，并了解他人心中的感受和想法。一旦清楚了彼此心中的感受和想法，我们就能考虑如何做以使我们的生命更丰盈。

非暴力沟通源自我对两个问题的强烈兴趣：一是我想更好地了解是什么导致有些人的行为充满暴力和剥削；二是我想更好地了解什么样的教育才能使我们永葆善心。我认为，尽管有些人的行为充满暴力和剥削，善心仍然是人类天性的一部分。流行数百年的理论总是告诉我们，暴力和剥削的存在是因为人类本性邪恶、自私自利、残暴不仁。但是，我见过许多人并非如此，恰恰相反，他们乐于为他人的幸福做贡献。因此，我想知道为什么有人乐于看到他人受苦受难，而有些人却恰好相反。

在对上述两个问题的探究过程中，我发现，对于在相似情境中为什么有些人以暴力回应、而有些人则以善心回应这一问题的理解，有三个因素十分关键。

√ 我们所学会使用的语言

√ 我们所学会的思考和沟通方式

√ 我们所学会的支配他人和自己的特定方法

人类共有的基本感受	
需要得到满足时的感受	需要未得到满足时的感受
惊奇	生气
舒服	恼火
自信	忧虑
急切	困惑
振奋	失望
满足	灰心
高兴	痛苦
希望	尴尬
鼓舞	泄气
好奇	无助
喜悦	无望
感动	急躁
乐观	恼怒
自豪	孤独
释然	紧张
亢奋	惊惶
惊喜	迷惑
感恩	勉强
触动	悲伤
信任	不安

<table>
<tr><th colspan="2">人类共有的基本需要</th></tr>
<tr><th colspan="2">自主</th></tr>
<tr><td>选择自己的梦想、目标和价值观</td><td>选择实现这些梦想、目标和价值观的计划</td></tr>
<tr><th colspan="2">纪念</th></tr>
<tr><td>庆祝生命的创造和梦想的实现</td><td>哀悼失去至爱之人、梦想破灭等</td></tr>
<tr><th colspan="2">人格健全</th></tr>
<tr><td>真诚
创造力</td><td>意义
自我价值</td></tr>
<tr><th colspan="2">互相依存</th></tr>
<tr><td>接纳
欣赏
亲近
共享
体贴
为丰盈的生命做贡献（通过有益于生命的奉献来锻炼自己的能力）
情感安全
换位思考</td><td>诚实（让我们能从自己的缺陷中学习的诚实）
爱
安心
尊重
支持
信任
理解
温暖</td></tr>
<tr><th colspan="2">滋养身体</th></tr>
<tr><td>空气
食物
活动和运动
防御措施，免于病毒、细菌、昆虫、捕食性动物等的威胁</td><td>休息
性表达
住所
抚爱
水</td></tr>
<tr><th colspan="2">玩耍</th></tr>
<tr><td>乐趣</td><td>欢笑</td></tr>
</table>

心灵契合	
美 和谐 灵感	秩序 和平

因为这三个因素在很大程度上决定了我们在某些情境中是以暴力还是以善心回应，所以，我将这三种有助于促使我们愿意为自己和他人的福祉做贡献的因素——即语言的类型、思考的方式和沟通的形式，整合成了我称之为非暴力沟通的方法。

非暴力沟通方法告诉我们如何坦然表达我们所处的状态，以及内心的感受和想法——不做任何批评，也不做任何暗示错在他人的分析。这一方法基于这样一个假设：人们从我们这儿听到的任何话，如果听起来像是分析、批评，或是暗示对方有错，那么，我们与他人沟通的方式就无法为彼此的幸福做出贡献。这种沟通方法强调行为的动机是善心，而不是恐惧、内疚、羞耻、责备、强迫、威胁或惩罚。换句话说，这种方法让我们得到我们想要的，且日后不会后悔。这个方法一方面在于清楚地表达我们内心的感受和想法，不带分析、批评和指责；另一方面则在于清楚地表达什么会使我们的生活更美好，并将这个信息以请求而非命令的形式传达给他人。

非暴力沟通关注人们的需要是否得到了满足；如果没有，怎样做才能使这些需要得到满足。（参看表格“人类共有的基本感受”和“人类共有的基本需要”。）它告诉我们如何表达自己，以使他人更愿意为我们的幸福做贡献，也告诉我们如何理解他人的信息，以使我们更愿意为他人的幸福做贡献。

我希望，这本书能帮助你用这种生命的语言与人沟通，告诉你如何不管他人怎么说话，都能从其话中听出对方真正想要传达的信息。

非暴力沟通四要素	
清楚地表达自己现在的状态，不带责怪和批评	理解、接纳自己的真实状态，不带责怪和批评
1. 观察	
我所观察到的（看见、听到、记住、想象，不带我的个人评价）对我的个人幸福做出或没有做出贡献的：“当我（看见、听见）……”	你所观察到的（看见、听到、记住、想象，不带你的个人评价）对你的个人幸福做出或没有做出贡献的：“当你（看见、听见）……”（表达理解时，有时不用说）
2. 感受	
我所观察到的给我什么感觉？（情感、感觉，而非想法）：“我感觉……”	你所观察到的给你什么感觉？（情感、感觉，而非想法）：“你感觉……”
3. 需要	
对引起我感受的事物，我需要或重视（不是偏好和具体行动）的是什么：“因为我需要/重视……”	对引起你感受的事物，你需要或重视（不是偏好和具体行动）的是什么：“因为你需要/重视……”
清楚地提出那些可以让我的人生更丰盈的请求，而不带命令	理解、接纳那些让你的人生更充盈的事物，而不将其当作命令
4. 请求	
我想采取的具体行动：“你愿意……吗？”	你想采取的具体行动：“你愿意……吗？（表达理解时，有时不用说）

非暴力沟通实践篇
Living Nonviolent Communication

第一章

创造一个非暴力的世界

如何和平有效地化解冲突?

Living
Nonviolent
Communication

非 暴 力 沟 通 实 践 篇

40多年来，我调解过各种冲突：父母和孩子之间的，夫妻之间的，管理者和员工之间的，巴勒斯坦人和以色列人之间的，塞尔维亚人和克罗地亚人之间的，塞拉利昂、尼日利亚、布隆迪、斯里兰卡、卢旺达的敌对部落之间的……我从解决所有这些不同等级的冲突中学到的就是，和平化解冲突，让每个人都满意是有可能的。如果冲突双方能够建立起一定质量的人际沟通，那么，通过这种方式化解冲突的可能性会大大增加。

我研究出一种名为非暴力沟通（NVC）的方法，它由思想和沟通技巧构成，让我们能够心怀善意地与他人、与自己沟通。看到人们通过各自不同的方式将非暴力沟通应用于他们的个人生活、工作场合和政治活动，我和同事们都感到很高兴。

接下来，我将描述非暴力沟通方法怎样有利于支持和平化解冲突的努力。当我们自己卷入冲突时，或帮他人调解冲突时，都可以使用非暴力沟通方法。

每次化解冲突，我都首先引导参与者感受彼此之间充满关爱和尊重的沟通。只有当这种沟通展现出来后，我才让他们开始寻找解决冲突的办法。那时，我们不再寻求妥协，而是真正化解冲突，让所有人都完全满意。要实践这种化解冲突的方法，我们就切不可要求人们做我们想做的，而是要专注于创造条件，让每个人的需要都得到满足。

为了进一步解释这两个关注点（得到我们想要的和得到每个人想要的）之间的区别，让我们假设有一个人，他的行为没有满足我们的某个需要，于是我们请求他不要那么做。在我的经验中，如果对方认为我们只对满足我们自己的需要感兴趣，或者不相信我们同样关心他们的需要，那他就会拒绝我们的请求。只有当参与者相信他们自己的需要和价值能够得到尊重时，真正的合作才能开始。非暴力沟通方法以相互尊重为基础，而相互尊重有利于达成真正的合作。

◻ 用非暴力沟通法化解冲突

有助于化解冲突的非暴力沟通实践包括以下五个方面：

1. 表达我们自己的需要；
2. 感知他人的需要，不论他人如何表达他们自己；
3. 检查是否准确听取了需要；
4. 感同身受地倾听他人的需要；
5. 将提出的解决方案或方法转化为积极的行动语言。

○ 1. 对“需要”的定义和表达

据我的经验，持续关注需要，我们的冲突就易于得到让双方都满意的解决方案。关注需要时，我们表达自己的需要，同时，清楚地明白他人的需要，避免使用任何错在对方的暗示性语言。在前一章，你能看到关于人类共有的基本需要的列表。

不幸的是，我发现极少有人善于表达他们的需要，相反，他们对批评、侮辱之类的沟通倒是很在行，而这些沟通方式让人与人之间产生了隔阂。结果，原本可以轻易解决的冲突也变得无法解决了。双方本该表达各自的需要，并理解对方的需要，现在却玩起了谁对谁错的游戏。这种游戏更可能以语言、心理、身体等各种形式的暴力告终，而不是得到和平解决。

因为需要是这种化解冲突的方法中非常重要的一个组成部分，我想澄清一下我所指的需要是什么。我所用的这个词，“需要”，可以被视为生命为了维持自身存活所必需的资源。比如，我们身体健康是因为我们对空气、水、休息和食物的需要得到了满足。而当我们对理解、支持、诚实和意义的需要得到满足时，我们的心理和精神健康就得以加强。

根据需要的这个定义，不管我们的性别、国籍和宗教信仰是什么，受教育程度如何，所有人都有相同的需要。人与人的不同在于满足需要的方法。我发现，将我们的需要与可能满足需要的方法区分开有助于化解冲突。

将需要和方法区分开的一个指导方针就是：记住，“需要”不涉及某个采取特定行动的具体的人。与之相反的是，有效的“方法”——或我们通常所指的欲望、请求、渴望，以及“解决方案”——则确实针对某些采取特定行动的具体的人。一对几乎对婚姻绝望的夫妻之间的交流，明显地体现出这种需要与方法间的重要差异更清晰。

我问这个丈夫，在婚姻中他有哪些需要没有得到满足。他回答说：“我需要摆脱这个婚姻。”因为他是在谈一个采取特定行动（离婚）的具体的人（他自己），所以，他并没有表达出我所定义的需要。相反，他告诉我他正在考虑采取的一个策略。我向他指出这点，并建议等我们真正弄清楚他和妻子的需要之后再讨论策略方法。当他们能够弄清楚彼此的需要时，两人都意识到了可以满足他们的需要的方法，而不用离婚。我可以很高兴地说，自那之后的两年，他们在婚姻中的感情很好，两人都非常满意这样的关系。

许多人都觉得表达需要很难。当人们想要化解冲突时，对“需要”做准确表达的缺乏就造成了问题。我想给你们举另一对夫妻的例子，他们本想解决冲突，结果却导致了身体暴力。

我曾在这个丈夫的单位工作过，给人提供培训。培训结束后，这个丈夫问我可否私下一聊。他声泪俱下地讲述了他和妻子之间的情况，问我是否可以见见他俩，帮助化解他们的矛盾。他妻子同意了，于是，那天晚上我和他们两个见面了。

我首先说：“我知道你们两个都很痛苦。我建议我们这么开始：你们先说说自己在这段婚姻关系中有什么需要没得到满足。一旦你们明白了彼此的需要，我相信我们能找到满足这些需要的办法。”我让他们做的事，要求他们有表达需要的能力和理解他人的需要的能力。

可惜他们做不到——他们缺少那样的表达能力。丈夫不是表达他自己的需要，而是对妻子说：“你的问题就是你对我的需要毫不在意！”妻子则回击道：“这就是典型的你，说这种很不公平的话！”

还有一次，我在一家公司里，当时那个公司有一个非常烦人的矛盾冲突，长达15多个月仍未得到解决。这不仅导致生产效率低下，还导致公司的员工士气低落。冲突双方是同一部门的两派，争论该使用哪一款软件，都带着强烈的情绪。一派花了很多功夫才把现在正在用的软件开发出来，因此，希望继续使用这款软件；另一派则强烈建议使用一款新软件。

见到这些人后，我同样首先让双方告诉我，他们推荐使用的软件可以让他们的哪些需要得到更好的满足。然而，这次我同样没有听到清晰的需要表达。相反，两派都进行了理性分析，而对方将之视为批评。

其中一派有人说：“我认为，如果过分保守，未来我们就都可能失业，因为与时俱进需要我们承担风险，敢于抛弃过时的做事方法。”另一派的人则反驳说：“但是我认为冲动地抓住每样新事物对我们并非最有利。”他们告诉我，数月来，他们一直重复着类似的对彼此的分析，毫无进展。其实，他们这样反而给自己制造出很多紧张敌对的情绪。

像那对夫妻一样，他们也不知道怎么直接表达自己的需要。相反，他们总是在分析，而他们的分析又总是被对方理解成批评。战争就是这么产生的。当我们无法清楚表述自己的需要，只知一个劲地对对方进行分析，而这些分析又听起来像批评时，我们离战争就不远了，不管这战争是语言上的、心理上的还是身体上的。

○ 2. 感知他人的需要

我描述的化解冲突的方法不仅要求我们学会表达自己的需要，还要求我们帮助他人清楚表达他们的需要。通过训练，我们能够做到不论他人如何表达，都能从其话中听出他们的需要。

我训练自己这么做，因为我相信，一句话，不管其形式或内容是什么，总是对需要的一种表达。如果我们接受这个观点，就可以训练自己感知每一句话中潜藏的需要。因此，如果我就某人刚说过的话提出一个问题，而这个人回答说“这个问题真蠢”，那么，我会选择去感知这个人对我做出如此评判所要表达的需要可能是什么。比如，我可能会猜，我问这个问题时，对方想要得到理解的需要没有得到满足。或者，如果我请求某人和我谈谈我俩感情中的压力问题，却得到“我不想谈这些”的回答，我就可能觉察到对方需要保护，保护自己不受伤害——他猜想如果我们进行沟通，那么发生的事就可能会伤害到他。

这种感知他人需要的能力在化解冲突中非常关键。通过感知到双方的需要，并用语言将之表达出来，我们能够帮助双方倾听对方的需要。这能创造优质有效的沟通，使冲突得到成功解决。

我来举例说明一下。我的工作对象通常是夫妻这个群体。在这些人中，我能找出他们长期存在的最大矛盾冲突，然后做出让他们震惊的预言。我说，只要他们能告诉对方自己的需要，这个矛盾冲突在20分钟内就能解决。

有一次，我在一个人群中这么做，其中一对夫妻已经结婚39年了，他们在钱的问题上有冲突。结婚半年内，妻子就两次透支了支票本。从那之后，丈夫就自己掌控支票本，不再让她填写支票。他们为此吵了39年。

妻子听到我的话，说："马歇尔，我可以告诉你，这不可能会发生。我是说，我们的婚姻生活还不错，沟通也很好，但就是在这个冲突中，我们对钱有着不同的需要。我看不出这个问题何以能在20分钟内解决。"

我纠正她说，我并不是说我们能在20分钟内解决这个问题，"我说的是，你们都告诉我对方的需要是什么后，问题能在20分钟内解决。"她说："但是，马歇尔，我们沟通得很好啊。当你谈论一件你谈了39年的事情时，你当然明白对方需要什么。"

我回答道："好吧，之前我错过，这次也可能会错，不过，还是让我们试试看吧。告诉我——如果你知道他的需要，那么，他的需要是什么呢？"

她说："很明显，马歇尔，他不想让我花任何钱。"

她丈夫则立刻回应道："这太荒谬了！"

显然，她和我对"需要"的定义不同。当她说他不想让她花任何钱时，她所说的就是我所说的方法。即使她说得对，她准确说出的也只是他想采取的对策，而不是他的需要。根据我的定义，需要不针对具体的行为，比如花钱或不花钱。

我告诉她，所有人类都有同样的需要，如果她能弄清楚丈夫的需要，而丈夫也清楚她的需要，那我非常肯定，我们能够解决这个问题。我说："你能再试试吗？你认为他的需要是什么？"

她说："马歇尔，我解释一下，他就跟他爸一个德行！"然后她告诉我她的公公如何不舍得花钱。

我打断她："等一下。你是在给我分析他为什么会这样。我想让你告诉我的仅仅是，在这种情况下他的需要是什么，而你给我的是对他的生活经历的理性分析。"

很显然，她不知道如何确认他的需要。即使一起生活了39年，她仍然不知道他的需要是什么。她对他进行评判，意识到他不想让她掌管支票本的可能原因，但并不真正理解他在这种情况下的需要。

所以，我转而问那个丈夫："既然妻子不知道你的需要，那不如你自己告诉她吧。自己掌管支票本，你的什么需要得到了满足？"

他说："马歇尔，她是一位出色的妻子和母亲，但是一说到钱，她就完全不负责！"

再次，注意我问他的问题"你在这种情况下有什么需要"与他的回答之间的不同。他没有告诉我他的需要，而是给我他对妻子的一个评判：不负责。这正是我认为妨碍了和平解决问题的那种语言。我预言，任一方听到自己被批评、被判断、被理性分析，他们的能量就会立即转向自卫、反控，而不是达成能满足每个人的需要的解决方案。

我向他指出他并不真正了解自己的需要是什么，告诉他他给我的是他对妻子的判断。然后我再问他："在这个问题上，你的需要是什么？"他说不出来。

尽管已经讨论了39年，他们两个人却没有一个人真正意识到对方的需要。这里，我感知他人需要的能力能够帮助他们化解冲突。我运用非暴力沟通技巧来猜测那对夫妇的需要，而他们将之作为评判表达出来。

我提醒那个丈夫他曾说过妻子对钱完全不负责（一种评判），然后我问："在这种情况下，你是不是觉得害怕，因为你需要在经济上保护整个家庭？"我说这话时，他看着我，说："这正是我所说的！"当然，他并没有这么说。不过，我相信，当我们感知到他人需要什么时，我们就更接近真相，更接近他们想要表达的意思。我认为，所有错在对方的暗示性分析基本都是悲哀地表达未被满足的需要。如果我们能够听出他人需要什么，这对他们来说是一份大礼，因为这会帮助他们与生命相连。

尽管这次我碰巧猜对了，但实际上我并不需要一定猜对。即使没有猜对，我也至少将他的注意力转移到需要上来了。这种关注方式帮助人们更了解自身的需要，让人们走出分析的泥潭，从而使他们的生活更和谐。

○ 3. 确认是否准确听取了他人需要

一旦丈夫表达了他的需要，下一步就是确保妻子听懂了他的需要。这是冲突化解中非常关键的一个技巧。我们不能想当然地以为这句话说出来了，对方就准确地理解了。每次调解冲突时，我如果不能肯定听到这句话的人已经准确地理解了这句话，我就会让他们重复这句话。

我对那个妻子说："你能否告诉我，你刚才听到你丈夫在这种情况下有什么需要？"

她说："呃，结婚后我有两次透支了账本并不代表我会一直那样啊。"

在我的经验中她的回答非常典型。当人们积怨多年时，即使对方清楚地表达了需要，这个人也不见得能够听进去。通常，他们都沉浸在各自的痛苦中，听不进对方所说的。

我问她是否能够重复一遍她丈夫说过的话，但她显然没有听进去那些话，因为她太痛苦了。于是我对她说："我想告诉你我听见你丈夫刚才说了什么，然后我希望你重述一遍。"我继续说："我听到你丈夫说，他需要保护这个家庭。他很害怕，因为他真的想确保这个家庭是安全的。"

○ 4. 给予他人理解

鉴于那位妻子仍然无法听进丈夫的需要，我使用了在冲突化解中常用的另一技巧——转换话题。我不再试图让她重述他说过的话，而是努力去理解她感受到的痛苦。

我说："我感到你觉得很伤心，需要被人信任，这样你才能从过去的经历中学习。"你可以从她的眼里看出她真的很需要这样的理解。她说：“正是这样。”

我希望她得到这样的理解后能够倾听丈夫，于是，我重复了我所理解的她丈夫的需要：他需要保护这个家庭。我让她重复她所听到的。她回答说：“那么，就是他认为我花了太多钱了。”

正如你看到的那样，就像她没有受过表达需要的训练一样，她也没有受过倾听需要的训练。她没有听进他的需要，她所听到的只有对她自己的评判。我建议她努力只去倾听他的需要，而不要去听其中任何对她的批评。在我将此又重复了两遍后，她终于能够听进丈夫的需要了。

然后，我转而请这位妻子表达她自己的需要。同样，她也无法直说需要，而是以评判的形式表达了她的需要：“他不信任我。他觉得我很蠢，不会有长进。我觉得这不公平。我是说，我偶尔有错不代表我会一直犯错啊。”

在这里我又一次向她展示了自己的能力、技巧，即感知所有这一切背后她的需要，对她说：“听起来好像你很需要被人信任，你很想别人认可你可以从经历中学习。”

接着，我让丈夫告诉我他妻子的需要是什么。就像起初她的评判阻碍了她倾听他一样，他也无法倾听她。他想捍卫他保护家庭的需要，开始解释她是个好妻子、好妈妈，只是对钱完全不负责。我不得不帮助他忘掉他的评判，而只去倾听她的需要。因此，我问道：“你能直接告诉我她的需要是什么吗？”重复了三遍后，他总算听出了她的需要是被信任。

像我之前预言的那样，他们听到彼此的需要后，不到20分钟就找到了满足每个人的需要的办法。远远不到20分钟呢！

多年来，我多次参与化解冲突，看到是什么导致了家庭纷争、国家间的战争，越来越相信大部分小学生都能解决这些冲突。如果人们能直截了当地问：“这是双方的需要，这是现有的资源。怎么做才能满足这些需要？”冲突很容易就能化解。但不幸的是，从来没有人告诉我们人类的需要是什么，我们的思想也达不到那个高度。相反，人们相互用各种标签、评判来将人非人化，然后，最简单的冲突都会变得难以解决。

· 解决人群之间的冲突 ·

当有两个以上的人卷入冲突中时，以上原则如何应用？让我用自己给尼日利亚两个部落做调停的事例来说明吧。此前的一年里，这两个部落之间的暴力冲突不断。他们有四分之一的人口丧生于此，也就是说，一年里总人口就减损了100人。

看到这些暴力，一个生活在尼日利亚的同行努力让双方首领同意见见我，看我们能否化解这个冲突。费了好大劲，才终于让他们同意了。

我们走进他们的会议时，我的同事悄声对我说：“做好准备啊，马歇尔，气氛会有点紧张。这个房间里的三个人知道杀死他们孩子的凶手就在这个房间。”起初气氛非常紧张。这两个部落之间有着太多的暴力，这是他们第一次坐下来会谈。

为了关注人们的需要，我在开始冲突化解时经常会问一个问题，这次我也照例首先问了这个问题。我对两方的人说：“我想请你们主动说说，在这个问题上你们的需要是什么，谁先说都可以。等每个人都了解了其他人的需要后，我们就来找找满足需要的办法。”

不幸的是，像那对夫妻一样，他们也不懂得如何清晰表达需要，只知道怎么告诉我对方有什么不对。一方的首领没有回答我的问题，而是目光穿过桌子，说：“你们的人是凶手！”另一方则回应道：“你们一直试图主宰我们，我们不会再忍了！”这两句话一出，彼此间的气氛更是剑拔弩张。

显然，将人们召集起来进行沟通也无济于事，除非他们知道如何以人类应有的方式交流。此时我的任务和那对夫妻案例中的任务一样，就是替他们感知出任何语言所表达出的背后的需要。

我对那个说对方的人是凶手的首领甲说：“首领，你是不是有一种安全需要，需要确保不管发生什么冲突，都能通过暴力之外的其他方法解决？”首领甲立即对我说：“当然，这正是我所说的！”当然了，他可没这么说。他说对方的人是凶手，做了一个评判，而没有表达他的需要。但是，现在我们将他的需要搞清楚了，因此，我转向首领乙：“首领，你能重复一下他说他的需要是什么吗？”

首领乙却充满敌意地质问这个男人：“那你为什么杀了我儿子？”

这话立即在两个群体间激起一阵骚乱。等事情平静下来，我说：“首领，我们稍后会处理你对他的需要的反应，但是现在，我建议你只是倾听他的需要。你能重复一遍他所说的需要吗？”他做不到。那时他的情感完全被这件事以及他对对方的评判所占据，根本听不进对方的需要是什么。我重复了我所听到的需要，说：“我听见首领甲说他需要安全。他需要感觉安全——也就是说，不管现在有什么冲突，都能通过暴力之外的方法解决。你能重复一下这个需要是什么吗，我好确定大家都在沟通？”他做不到。我不得不重复了两三遍之后，他才终于能够听进对方的需要。

然后我将此过程反过来，对首领乙说：“谢谢你听到了他对安全的需要。现在，我想听听你在这个问题上的需要是什么。”他说：“他们一直试图奴役我们，他们就是一群控制狂，总认为自己高人一等。”这话又挑起了一场争吵。我不得不打断他们说：“抱歉，抱歉。”等人们都静下来后，我再次试图感知出他所说的对方是一群控制狂这句话背后的需要。

我问道：“首领，你这句话背后的需要是平等吗？你真的需要感觉到在这个族群中你们是被平等对待的，是吗？”他说：“是的，当然！”

然后，同样的，任务是让首领甲听到他的这个需要，但这并不容易。我重复了三四遍，才让首领甲明白这个人所表达的需要。终于，首领甲能够倾听对方说他需要平等。

在我花了许多时间（近两小时）让双方都表达出各自的需要，并倾听对方的需要后，一个一直没说话的首领突然跳起来，看着我，用他自己的语言非常激动地说了一些话。我很好奇他这么激动是想跟我说什么，于是我急切地等着翻译。翻译说：“那个首领说，他们无法一天就学会这种沟通方式，但是，他说，如果我们知道用这种方式进行沟通，就不会相互残杀。”这话让我很受触动。

我对翻译说：“请告诉那位首领，我非常感谢他看到了人们学会倾听彼此的需要后的结果。告诉他，今天我来这里的目的是帮助和平化解冲突，让大家都满意，我希望大家都能看到这种沟通方法的价值。告诉他，如果双方都愿意，我们会很高兴在每个部落内训练人们用这种方式沟通，这样，以后的冲突就可以用这种方法解决，而不必再使用暴力。”

那个首领想成为接受培训的人中的一员。其实，那天我离开之前，两个部落就有人渴望学习这种沟通方法，能听出任何信息所传达的需要。我非常高兴地报道：这两个部落间的战争在那天结束了。

○ 5. 用积极的行动语言提供解决方案

在帮助冲突方表达了他们的需要、并了解了对方的需要后，我建议我们接着来寻找满足每个人的需要的策略。在我的经验中，如果很快进行到策略阶段，我们可能会有些妥协，但冲突却不会得到同样圆满的解决。然而，如果在进行到提出解决方案之前我们已经彻底了解了需要，那我们就提高了双方达成一致的可能性。

当然，仅仅帮助双方了解对方的需要是不够的。我们必须以行动结束——让所有人的需要都得到满足的行动。这就要求我们能够将提出的策略用现在时的、积极的行动语言表达出来。

所谓“现时的”语言，我指的是一个此时此刻你想从对方那里得到什么的清晰陈述。比如，可以这么开始：“我想请你告诉我你是否愿意……”然后说出你想让对方采取的行动。把这话转成现时，说：“你愿意……吗？”就更容易形成相互尊重的讨论氛围。如果对方说他们不愿意，我们可以找出原因。我发现，如果我们能学会用现时的语言说出请求，冲突会更容易解决。

如果我说“我想请你周六晚上跟我一起去看演出”，就非常清楚地表明周六晚上我想做的事，但那一刻我想从他们那儿得到什么就不一定清楚了。彼时，我也许是希望他们告诉我他们是否愿意跟我去，也可能是想知道他们对同我一起去有什么感受，也可能是希望他们告诉我他们是否预定了座位，等等。

我们越能清楚地表达出我们此刻想要的回应是什么，冲突就能越快解决。

我还建议用积极的行动语言表达请求，清楚地陈述为了满足这个需要我们想要做什么，而不是我们不想要做什么。在冲突情境中，告诉人们我们不想要什么往往导致困惑和抵触。甚至在我们跟自己说话时，这也一样适用。如果我们只告诉自己我们不想做什么，那就不大可能对当前的境况做出什么改变。

记得几年前，我有一次上电视参与一个辩论。这个节目是当天早些时候录制的，这样晚上就能播出，我就能回到家看。我一边看这期节目，一边感到很不安，因为我做了辩论中我最不喜欢做的三件事。我记得当时我对自己说：“如果我再辩论这样的事情，我不想做甲事，不想做乙事，不想做丙事。”

我有了一个挽回面子的机会，因为接下来的那周我又被邀请去继续同样的辩论。去电视台的路上，我反复对自己说：“现在，记住，不要做甲事，不要做乙事，不要做丙事。”节目开始了，另一位辩手以上周的沟通方式与我针锋相对，我怎么做的呢？有十秒钟我姿态优雅。但是，十秒钟之后我做了什么呢？3个错全犯了。实际上，就我记得的，我很快补上了十秒前就会做的事！

问题就在于我之前告诉自己的是不要做什么，我还不清楚自己到底想做什么。在冲突化解中，双方明确说出他们想要的，而不是他们不想要的，才有利于满足每个人的需要。

一次，一位女士让我很清楚地意识到这点。她和丈夫在关于他花多少时间在家的问题上起了冲突，因此，她对他说："我不想你花那么多时间在工作上。"后来，他报名参加了一个保龄球俱乐部，这让她更生气了。同样的，这里的问题就在于，她说了自己不想让丈夫做的事，却没有说她想让他做的事。如果她说了自己想要丈夫做的事，有可能会是这么说的："我希望你告诉我你是否愿意每周至少花一个晚上陪陪我和孩子。"

行动语言是指当我们提出请求时，用清晰的动作动词表达我们确实想做的。它也指避免使用那些会模糊化我们的需要或听起来像攻击的语言。

比如，一对夫妻有一个长达12年的冲突，妻子想得到理解的需要在这段感情中一直未被满足。我让丈夫讲出妻子的需要，说："好，现在让我们找找解决办法。"我问那个妻子："你想——比如，让他——做些什么来满足你对理解的需要呢？"她看着丈夫，回答说："我希望我跟你说话时，你听我说。"他说："我确实在听啊。"然后，她说："不，你没有！"他又说："有，我在听！"他们告诉我，这样的对话他们已经进行了12年。这就是当我们用"听"这样的词表达我们的策略时会出现的问题。这个词太含糊了，它不是个动作动词。

在我的帮助下，这个妻子认识到了当她说“我希望你听我说话”时，她真正想要的是什么。她希望他对她的话有所回应，这样她就能确定自己的意思表达清楚了。当她向他提出这个积极的行动请求时，他很乐意去做。她非常开心，因为这个方法真正满足了她的需要。12年来她一直渴盼满足的需要这次终于如愿以偿了。她所缺少的只是告诉他自己想要什么的清晰语言。

还有一个类似的夫妻冲突的例子，其中妻子需要丈夫尊重她的选择。她丈夫明白后，我说：“现在你丈夫知道你的需要是你的选择受到尊重，那么你想要他做什么呢？你会用什么办法来满足那个需要呢？”

她说：“我想让你给予我成长、做我自己的自由。”他回答说：“我给了啊。”她说：“不，你没给。”他说：“我给了！”然后我只得制止他们：“打住！停住！”

这里，我们又一次看到非行动语言导致冲突加剧 。人们很容易把“给我成长的自由”当作是暗示他们是奴隶主或他们很专横跋扈。这个请求没有说清楚需要的是什么。我向她指出这一点，说：“我希望你告诉他，你到底想让他做些什么来更好地满足你希望自己的选择被尊重这一需要。”

她回答说：“我希望你允许我……”我打断她：“恐怕‘允许’这个词也太模糊了，你能换一个更具体的动作动词吗？”

她回答道：“呃，那‘我希望他让我’呢？”“不行，”我说，“还是很模糊。当你说你希望别人让你做某事时，你真正想表达的意思是什么？”

她想了一会儿，醒悟过来，说：“哦，马歇尔，我知道是怎么一回事了。我知道当我说‘我希望你让我做我自己’和‘我想要你给我成长的自由’时，想要他做的是什么了。但是如果我明说出来，会很尴尬。另外，我知道他做不到的，因为我希望不管我做什么，他都会告诉我说可以。”

当她清楚自己的真正请求是什么时，她发现，这样的要求很过分。尊重是成功化解冲突的一个关键因素。

□ 告诉对方你想要的，而不是你不想要的

许多年前，我帮助过某个南方城市里的一群少数族裔学生。他们有这么个印象，觉得他们校长的很多行为都很种族主义，他们希望我帮助他们训练解决与校长的冲突的技巧。

我们上培训课程时，他们清晰地定义了自己的需要。谈到提出他们的请求时，他们说：“马歇尔，我们对向他提请求可不乐观。以前我们向他提过请求，结果闹得很不愉快。那时他吼道：‘出去！否则我就报警！’”我问：“那时你们提了什么请求？”

一个学生回答说：“我们说，我们不想他管我们留发。”他们指的是校长禁止他们参加橄榄球队，除非他们把头发剪短。我向他们指出：“告诉他你们不想要的（你们不想他管你们的发型），不是我真正建议你们做的事。我的建议是，你们学会如何告诉他你们想要的。”

另一个学生说：“呃，我们告诉过他我们想要公平。”我回答说：“呃，那是个一需要。我们有对公平的需要。我们一旦清楚自

己的需要，下一步就是清楚地告诉他们我们真正想让他们做的是什么。他们可以做些什么来满足我们的需要？我们必须学会如何更清楚地表达这一点。”

我们一起努力，最终用积极的行动语言列出了38项具体的请求，然后我们又练习如何用充满敬意的、不带命令的方式陈述这些需要。这表明，在你们提出请求之后，不管对方如何回应——不管他们是答应还是拒绝——你们都给予同样的尊重和理解。如果他们不答应，那就努力去理解他们之所以不同意是想满足什么需要。

○ 尊重不等于让步

理解他人的需要并不意味着你必须放弃自己的需要，而是意味着向对方表示你对自己的需要和他们的需要都感兴趣。当他们相信这一点时，每个人的需要都得到满足的可能性就更大，这也是学生与校长的案例中体现出来的。

学生走进校长的办公室，告诉了校长他们的需要，然后用清晰的行动语言表达了他们的38项请求。他们也聆听了校长的需要，最后，校长同意了他们的全部请求。大约两周后，我接到一个校区代表的电话，问我能否给他们学校的管理人员传授我教给那些学生的内容。

提出请求时，不管对方是否同意，我们都尊重其反应，这点非常重要。对方可能给我们的最重要的信息之一就是“不”或“我不想这样”，仔细倾听这个信息有助于我们了解对方的需要。倾听其他人的需要时，我们会发现，每当他们说“不”时，其实是在说，他们还有需要是我们的策略没有满足的，这使得他们不肯同意。如果我们能教会自己听出拒绝背后的需要，就能敞开心胸，满足每个人的需要。

当然，如果把“不”当作拒绝，或者开始责怪对方拒绝了我们，我们很可能就找不到可以满足每个人的需要的方法。在非暴力沟通的整个过程中，关键是让所有人的关注点都集中在满足每个人的需要上。

如果我们能创造如此优质的连接，我对解决任何冲突都很乐观。如果冲突中的各方都很清楚自己的需要是什么，也能听进对方的需要，进而以清晰的行动语言提出他们的方法，那么，即使对方说不，关注点也回到了满足需要这一点上。如果都能做到这一点，我们很容易就能找到满足所有人需要的方法。

□ 当冲突双方无法聚到一起时

我说过，我对让人们聚到一起沟通解决问题非常乐观，但这首先需要他们聚到一起。近年来，我一直在寻找在双方无法碰头的情况下化解冲突的方法。

我非常满意的一个方法就是使用录音机。我与各方单独沟通，然后扮演对方的角色。就像这样：一位因她和丈夫之间的冲突，尤其是他处理自己的愤怒的方式以及有时对她的殴打，而痛苦万分的女士来找我。她想要他同她一起来参加这个工作坊，谈谈这个问题，但他不肯。她走进我的办公室时，我说：“让我来扮演你丈夫。”在扮演那个角色的过程中，我倾听她的话，并带着尊重倾听她所表达的感受：被打、想要理解却不被理解是什么感受。

我的倾听方式帮助她更清楚地表达出自己的需要，并表现出对她的需要的理解和尊重。然后，我继续扮演那位丈夫，说出我猜测的她丈夫的需要是什么，让她倾听我的需要。我们将这个角色扮演过程的对话录下来，在我的帮助下，我们很好地沟通了她的需要。然后我让她把这盘录音交给她丈夫，看看他的反应。

她把录音交给丈夫，丈夫听到我如何扮演他的角色后，大大舒了一口气。显然，我猜对了他的需要。他觉得应该对我设身处地的角色扮演表示理解，便真的参与进来，于是，我们一起努力，找到了暴力之外满足他们双方需要的方法。

□ 小结：表达自己的需要，倾听对方的需要

我分享了我对冲突化解的一些看法，深信擅长表达需要大有裨益，而双方都表达出各自需要并倾听对方的需要，然后寻找解决方法，并用清晰的行动语言将之表达出来，这是多么的重要。

希望我分享的这些既有助于你更和谐地解决个人冲突，同时也有利于你更好地调解他人的冲突。希望这也能让你更了解这种宝贵的沟通方法，它能化解冲突，满足每个人的需要。还希望这能增加你对这种沟通方式的可能性的认识，它不需要通过强迫来达成目的，而是增强了我们对相互依存的意识。

非暴力沟通实践篇
Living Nonviolent Communication

第二章
在爱情中表达真实的自我

如何在亲密关系中应用非暴力沟通？

Living
Nonviolent
Communication

非 暴 力 沟 通 实 践 篇

以下内容摘自我关于“熟悉和亲密关系”话题的工作坊记录和媒体采访。如何运用非暴力沟通来与我们的搭档、配偶、家人建立相亲相爱的关系，同时又能保持个人独立性和价值观？通过角色扮演和讨论的形式，我谈到了这个问题的几大要点。

□ 一场小“危机”

大家猜猜今天发生了一件什么事？我的人际关系工作坊通常是在晚上，但是今天早上七点的时候，我遭遇了一场“危机”。我妻子特意打电话来问了我一个问题——这种问题是任何一对恋人或夫妻在任何时候都很讨厌的，特别是在大清早七点而你的辩护律师又不在身边时！她到底在早上七点问了什么呢？“我吵醒你了吗？”——这个问题倒不难。接着，她说：“我有一个非常重要的问题：我迷人吗？”【笑声】我讨厌这种问题。这就像那次，我在路上耗了很久，终于到家后，她问我：“能看出我们的房子有什么不同吗？”我看了又看，还是觉得没什么变化。而实情是，她把整个房子都粉刷了！【笑声】

我知道妻子今早提的这个问题是情感关系中的常见问题。当然，作为一个非暴力沟通者，我可以以这不是一个非暴力沟通问题为由拒绝回答，因为没有人总是对或错的，迷人的或乏味的。但我知道，这样的答案是不会让她满意的，所以我说，“你想知道自己是否充满魅力？”她说：“是的。”我回答：“有时是，有时不是——我可不可以再去睡一会儿？”【笑声】她喜欢这个回答——谢天谢地！

丹·格林伯格的《让自己过上悲惨生活》是我最爱的书之一，书中有这样一段对话：

“你爱我吗？现在这个问题对我来说太重要了！好好想想：你爱我吗？”

“爱。”

“拜托，这个问题很重要，请你严肃认真地考虑一下：你爱我吗？”

（一阵沉默）“爱。”

“那你刚才还犹豫什么？”（笑声）

人们可以改变他们的思维方式和沟通方式。他们能够更加自重，并毫不自弃地从自身的局限中学习。我们正是教人们如何通过非暴力沟通做到这一点。我们教给人们一种方法，这种方法能够帮助他们以某种方式与最亲密的人建立联系。而这种方式会让他们享受到更深层次的亲密关系，给彼此带来更多愉悦；让他们不再陷入出于责任、义务、内疚、羞耻等因素而做某事的陷阱中，也不再做其他会破坏亲密关系的事情。我们给人们示范如何在工作团队中享受合作，如何将统治和等级关系的组织转变为工作的团队，让人们在这样的环境中分享他们更好地生活的梦想。我们欣喜地发现，全世界有很多人都具有实现这一转变的巨大能量。

◻ 亲密男女之间的典型冲突

参与者一：马歇尔，你觉得男女之间主要的冲突和问题是什么？

马歇尔：我在工作中多次听到这个问题。女性常常这么跟我说："马歇尔，我不想你误会，我的意思是我丈夫人很好。"然后，当然，我知道接下来那个"但是"肯定要来了："但是我从来都不知道他的感受！"全世界的男性（也有例外）在情感表达上，仿佛都是约翰·韦恩派、克林特·伊斯特伍德派、兰博派——对此你可能会嘀咕。他们不明说心里的想法，而是像电影中走进小酒馆的约翰·韦恩那样给人分类。即使有人拿枪指着他，也不说"我很害怕"。他可能已经在沙漠里生活了六个月，但也绝不说"我很孤独"。那么约翰到底如何与人沟通呢？很简单，将人分类。对方要么是好人，要么就是坏人，好人就给他们买杯酒，坏人就直接杀掉了事。

关于沟通的方式，我受到的教育大抵如此，但是，通过这种沟通方式，你不会学到如何去体会自己内心的感受。如果你被训练成一个战士，你就希望不受感情的影响。因此，对女性来说，嫁给一个战士并不是一件好玩的事。因为女孩大都可能玩着布娃娃长大，而男孩从小就玩打仗游戏，这么长大的女孩，她想要的是亲密，而这个男人却缺乏可以表达亲昵的词汇。

另一方面，女性受到的教育并不是学会弄清自己的需要。几百年来，她们所受的教育都是让她们克制自己的需要，而去照顾别人。因此，她们往往依赖男性的领导，期望他猜出自己需要什么、想要什么，继而满足其需要并照顾好自己的一切。我经常遇到到这些问题，但正如我所说的，这里面当然也有很多个体差异。

参与者一：让我们做个角色扮演吧，模拟男女之间发生的事情。你能安排一下吗？我是说，模拟男女之间最易争吵的情况。

马歇尔：嗯，最常见的情况之一就是，女性对男性说："我没有感受到我想要的与你之间的那种情感联系，我真的很想和你有更深层次的情感交流。听我这么说，你是什么感受呢？"而男性一头雾水："啊？"

参与者一：嗯，对，让我来扮演男性。

参与者一，扮演丈夫：呃，你想要什么？你想要我做些什么？

马歇尔，扮演妻子：呃，比如现在，我想知道你的感受，而不是听你问我那个问题。听到我刚刚说的话，你感到伤心吗？还是生气？害怕？

参与者一，扮演丈夫：不知道。

马歇尔，扮演妻子：这正是我想说的。当你不知道你自己有什么感受时，我就很难有安全感和信任感。

参与者一，扮演丈夫：呃，我觉得你……觉得你在指责我。

马歇尔，扮演妻子：所以，你有点伤心，希望我尊重你，感激你在我们的感情中的付出。

参与者一，扮演丈夫：嗯，是。

马歇尔，扮演妻子：这下你明白了吧，我就是希望你这么说。我想听到你说："我很伤心，我需要欣赏。"但你没这么说，而是说我在指责你。听你那么说，我不得不深呼吸一下，努力不纠结于此，不在意你话里是否有评判的意味，而是努力体会你是什么感受，可能有什么需要。我不想这么累，如果你能直接告诉我你内心的感受和想法，我真的很感激。

参与者一，扮演丈夫：呃，大部分时候我都不知道自己在想什么。你到底想从我这儿得到什么呢?

马歇尔，扮演妻子：首先，我很高兴我们正在进行这场谈话。我想让你知道，我希望自己能意识到，让你给我我想要的对你来说有多困惑。我努力告诉自己，这件事对你来说很陌生。我希望自己耐心点。不过，我还是很想听听你的内心感受和想法。

参与者一，扮演丈夫：那，现在，我想我很乐意听到你告诉我，你需要什么。

马歇尔，做回他自己：这是一次非常典型的互动。男性经常听到的是女性的要求。

□ 如何在婚姻关系中应用非暴力沟通?

你们可能已经听我说过，婚姻关系比其他关系更难维系，是因为我们被灌输了太多荒唐的婚姻观念。我发现，如果不把和我共同生活的那个女人视作"我妻子"，我反而更喜欢她。因为在我成长的文化中，男人在说“我妻子”时便开始把她当成某种财产。

非暴力沟通是这样一种语言，它使我们能以真心为彼此付出的方式来建立联系。这意味着，你和另一半在一起做某些事，不是因为“理应”“必须”“不得不”“非得”这么做，你的付出并不是出于内疚、羞愧、下意识、恐惧、义务或责任。我相信，不论何时，如果人们为彼此付出是出于这些原因，那每个人都是输家。接受他人出于这些原因而给予我们的东西时，我们就知道自己需要为此付出代价，因为对方已经为此付出了代价。我希望的方式是双方从心底愿为了彼此而付出。

我们如何学会发自内心地给予，让给予感觉像是收获？当我们的行为充满人情味时，付出者和接受者就变得难以区分。只有当我们以我所说的判断或评判性的方式进行互动时，给予才变得毫无乐趣。

□ 练习非暴力沟通

我建议你们把这些写下来。现在我要问四个问题。如果你们已经结婚，或已有伴侣，那就假定这些问题是你们的配偶或伴侣问的。如果你想关注其他关系，挑一个你亲近的人——可以是一位好友。

作为你们的非暴力沟通伴侣，我要问你们四个关于情感关系，尤其是亲密关系的问题，这四个问题是非暴力沟通者非常感兴趣的。请你们就像对方问了你这些问题一样，写下自己的回答。【读者朋友们：我想请你们也将答案写在纸上】

第一个问题：请告诉我，作为你的配偶或朋友，我做的哪件事，导致你的人生一点也不美好？作为非暴力沟通者，我不想做任何无益于让你的人生更丰盈的事，也不想说任何无益于让你的人生更丰盈的话。所以，如果什么时候我这么做了，请提醒我，这会帮我一个大忙。你能否想出一件我做过或没做过的、使你的人生变得一点也不美好的事？写下来。

现在，开始第二个问题。作为非暴力沟通者，我不仅想知道我做的哪件事导致你们的人生一点也不美好，而且，与你们每时每刻的感受相连对我来说也很重要。要能够发自内心地给予，你们的感受很重要，所以我需要了解你们的感受。如果我们都能理解彼此的感受那就太好了。所以，我的第二个问题就是：当我在做某事时，你有什么感受？

写下你的感受。

现在让我们进入第三个问题。作为非暴力沟通者，我认识到，我们的感受是由我们的需要以及需要的满足情况决定的。当我们的需要完全得到满足时，我们就会产生愉悦感，比如高兴、满意、喜悦、幸福、满足……当我们的需要没有得到满足时，就会有你们刚刚写下来的那些感受。那么，问题三就是：你的哪些需要没有得到满足？

我希望你们在说到自己的需要时告诉我你们为何会有如此感受：“我有这种感受是因为我本想______。”（或者：“因为我曾想要/祈盼/希望______。”）请以这种形式写出你们没有得到满足的需要。

现在这个非暴力沟通者很激动，因为他想进入下一个问题，而这个问题对所有非暴力沟通者来说都是生命的核心。我迫不及待地想要听到这个问题的答案。大家都准备好回答这个大问题了吗？

我知道我正在做一些并不会让你们的人生更丰盈的事，也知道你们对此有一些感受。你们已经告诉了我有哪些需要没得到满足，现在，请告诉我，我能做些什么以帮助你们美梦成真。这就是非暴力沟通的本质：我们可以做些什么让彼此的人生更丰盈？

非暴力沟通就是要在任何时候都能与他人清晰地沟通这四个问题。当然，情况并不总是关于需要是否得到满足。在非暴力沟通中，我们也表达感谢，通过告诉他人以下三件事让他们知道，他们确实让我们的人生更丰盈：（1）他们做了什么来使我们的人生更丰盈；（2）我们对此有什么感受；（3）他们的行动让我们的什么需要得到了满足。我认为，作为人类，我们主要说的只有两件事：请和谢谢。非暴力沟通语言让我们清楚地表达请求和感谢，这样人们就不会听到任何会有碍我们发自内心为彼此付出的话。

○ 批评

让人们几乎不可能发自内心去付出的沟通方式主要有两种。一种是所有让人听起来像批评的话。如果你能用非暴力沟通语言回答出上述四个问题，那么你写在纸上的文字，就不会让人听起来觉得是对他们的批评。正如你看到的，谈论他人的唯一时候就是在回答第一个问题时，你提到他们的行为。你并非在批评他们的行为，你只是让他们注意到自己的行为。另外三个问题都是与你有关的：你的感受、你未得到满足的需要以及你的请求。如果你说的话很容易被他人听成批评，那么我猜，你大概在这四项中都混入了一些评判。

说到“批评”，我指的是攻击、评判、责备、判断，或任何在大脑中对人进行分析的行为。如果你的答案是非暴力沟通式的，那很可能其中没有会轻易被当成是批评的词。但是，如果对方戴上了评判的耳朵【马歇尔给自己戴上一对评判的耳朵】，那无论你说什么，他们都能听出批评的味道。今晚，我们就来学习，如果出现这种情况该怎么处理。我们希望能够以非暴力沟通语言与任何人沟通。

○ 强迫

妨碍我们真心付出的第二个绊脚石就是任何带有强迫意味的暗示。作为一个非暴力沟通者，你希望能将你写下来的四个回答送出去，这样对方就会将之作为一份礼物、一次给予的机会，而不是将之作为一个要求或命令。非暴力沟通语言中没有批评和强迫。当我们告诉别人我们想要什么时，我们是这样沟通的："请只在你自愿的情况下做这件事，千万不要以牺牲自己的利益为代价来为我做任何事。如果你的动机背后有一丝恐惧、内疚、羞耻、憎恨或顺从，那么，千万不要因此而为我做任何事。否则，我们都会饱受煎熬。请你只在你衷心认为对我的给予对你自己亦是一份礼物时，再做我请求你做的事。"只有双方都不觉得他们有所失，有所妥协，或有所放弃时，他们才能都从中受益。

○ 用心倾听

非暴力沟通主要有两部分：一部分是能够问出前述四个问题，并将之传达给对方而不致让对方听成批评或要求。另一部分则是学会倾听来自他人的这四个信息，无论他们使用的是评判式的语言还是非暴力沟通语言。如果对方用的是非暴力沟通语言，那我们的生活就轻松多了。这样，对方会清楚地表达出这四个信息，我们的任务则是在做出反应前准确领会这些信息。

然而，如果对方用的是评判式的语言，那我们就得换上“非暴力沟通之耳”。【马歇尔戴上非暴力沟通之耳，听众大笑。】非暴力沟通之耳就像一个翻译，不管对方使用什么语言，我们只要戴上这些耳朵，听到的就只有非暴力沟通语言。比如，对方说：“你的问题就是______。”但戴上非暴力沟通之耳后，我听到的就是：“我想要的是______。”我听不见评判、批评和攻击。戴上非暴力沟通之耳，我意识到，所有批评都是对没有得到满足的需要的可悲表达——可悲是因为它没有实现说话者想要的，反而导致各种紧张和问题。而非暴力沟通，可以让我们避免这些问题。我们绝不会听到批评，只会听到没有得到满足的需要。

○ 用非暴力沟通的方式倾听和回应

当他人说话充满评判的意味时，让我们练习用非暴力沟通的方式去倾听。我想请一些人自愿与我们分享他们遇到过的各种情况，以便我们都能从中学习。读一读你写的内容，我们就会看出你是用非暴力沟通语言回答的，还是掺杂了一些评判的语言。

第一个问题：我做的哪件事导致你的人生一点也不美好？

参与者二：你好像没有在听我说话。

马歇尔："你好像"——我马上就知道你没有以非暴力沟通方式来回答这个问题。当你说"你好像"时，我就知道接下来将会是一个判断了。"你好像没有在听我说话"——这是一个判断。你有没有见过这样的情形：一个人说："你没有在听我说话！"另一个说："我在听！""不，你没有！""有，我听着呢！"看到了吧？当我们以批评，而不是以观察开头时，就会出现这种情况。

马歇尔，扮演伴侣：告诉我，我做了什么，让你觉得我没有在听你说话呢？你说话的时候我可以一边看报纸、看电视，而且听得到你说的话啊。

参与者二：我注意到你在看电视。

马歇尔，回到他自己：如果你的伴侣不是以非暴力沟通的方式倾听，他就会立即听到攻击。但我作为你拥有非暴力沟通之耳的伴侣，我听不到批评，只是猜测你是因为什么行为才有如此反应。

马歇尔，扮演伴侣：你这种反应是因为我在你跟我说话时看电视吗？

参与者二：是的。

马歇尔，扮演伴侣：那这种情况下你有什么感受？

马歇尔，回到他自己：【站在参与者二的另一边】不要回答说"我感觉我说的话没人听！"这只是一种隐蔽的下判断的方式。

参与者二：我感到很沮丧，也很伤心。

马歇尔，回到他自己：这就对了！

马歇尔，扮演伴侣：那你能告诉我你为什么会有这种感受吗？

参与者二：因为我希望得到欣赏。

马歇尔，回到他自己：非常经典的非暴力沟通！注意！她没有说："我感到很沮丧很伤心是因为你看电视。"她没有将自己的感受归咎于我，而是归因于她自己的需要："我感到______是因为我______。"而那些进行评判的人则会这么表达他们的感受："你在跟我说话时看着电视，太让我伤心了。"换句话说，就是："我感到______是因为你______。"

现在到第四个问题："你想让我做些什么，以使你的人生更美好呢？"

参与者二：如果你能在我们谈话时看着我的眼睛，并对我的话做出回应，我会很感激。

马歇尔：好，大家有没有听到这四个信息？"当我说话时你在看电视，我感到很沮丧、很伤心，因为我真的很想自己的话能得到一些欣赏或关注。你愿意在我说话时看着我的眼睛，然后重复一下我说过的内容，并给我一个机会更正并非我本意的内容吗？"

当然，对方可能会把这听成是批评，然后为自己辩护："我确实在听，我可以一边看电视一边听你说啊。"或者他把这当作一种要求，也许会叹口气，说："好吧。"这表明他没有将此当作一个请求，或一个促进彼此幸福的机会。如果他听到的是一个要求，他也许会遵从这个要求，但如果他真这么做了，你会宁愿他没有这么做，因为他这么做是为了避免你大发脾气。他这么做不是为了使你的人生更美好，而是为了让他的人生不至于太悲惨。

这就是为什么婚姻是一项真正的挑战。很多人受到的教育是：爱和婚姻意味着为了对方而克制自己。"如果我爱她，我就得那么做，尽管我并不想那么做。”然后，他会去做，但是你会宁愿他没这么做！

参与者二：因为他会一直记得。

马歇尔：没错，那种人脑子里有个计算机，他们会告诉你12年前当他们克制自己时所发生的事。这会以某种形式再现。“我本不想做这些事，却为你做了这么多次，你至少可以______！”呵，没错，这会永远持续下去；放心，他们可是优秀的统计学家！

◻ 角色扮演

○ 听到要求后的反应

参与者三：那么，当这个人说“我可以同时听你说话和看电视”时，非暴力沟通者该怎么回答呢？

马歇尔，作为非暴力沟通者：你感到心烦，因为你听到了压力，而你想摆脱压力，对不对？

参与者三：当然！你总是在提要求。我的天啊！要求这个，要求那个！

马歇尔，作为非暴力沟通者：所以，这些要求让你感到疲惫不堪，而你是想出于喜欢，而不是迫于压力才做一些事，对不对？

参与者三：没错。

马歇尔，作为非暴力沟通者：现在我感到沮丧，因为我不知道怎样才能让你知道我想要什么，而不致使你把我的话当成要求。我认为只有两个选择：一是什么都不说，放弃满足自己的需要；二是告诉你我想要什么，让你把这当作我的要求。不管选哪种方式，我都是输家。你能告诉我，你听到我刚才说什么了吗?

参与者三：啊?

马歇尔，回到他自己：对不知道非暴力沟通方式的人来说，这就让人非常困惑。他们成长于一个强权世界，他们的父母可能觉得让他们做某事的唯一办法就是惩罚他们或让他们感到内疚。他们可能不熟悉其他沟通方式，不知道请求和要求之间的区别。他们真的认为，如果不做别人希望的事，就会感到内疚，或受到威胁。帮助这类人将我的请求视作礼物，而不是要求，对我这个非暴力沟通者而言不是件容易的事。然而，一旦我们真成功了，就可以给自己省却数年的痛苦；因为，如果人们不用非暴力沟通之耳去倾听，任何请求都会变成痛苦。

马歇尔，作为非暴力沟通者：我想知道该怎样向你提出我想要的，而又不至于让你觉得我在给你施压。

参与者三：我不知道。

马歇尔，作为非暴力沟通者：很高兴我们正在把这点说清楚，因为这让我进退两难：不知道怎么做才能让你既了解我想要什么，同时又不会觉得自己必须这么做或是我在强迫你这么做。

参与者三：嗯，我知道这对你来说有多重要，而且……如果你爱一个人，你就会做他让你做的事。

马歇尔，作为非暴力沟通者：我能影响你改变对爱的定义吗?

参与者三：变成什么呢？

马歇尔，作为非暴力沟通者：爱不是克制自己来为他人付出；相反，爱应该是真诚地表达自己的感受和需要，用心倾听对方的感受和需要。用心倾听并不意味着你必须顺从——你只需准确地领会别人的话，把它当作对方送的礼物。爱是真诚地表达我们自己的需要，但这并不意味着提要求，而只是“这就是我，这就是我想要的”。你对这个定义怎么看呢？

参与者三：如果我认同这个定义，那我就和现在大不一样了。

马歇尔，作为非暴力沟通者：是的，没错。

○ 如果我说得“太多”，请阻止我

马歇尔：开始另一个场景怎么样？

参与者四：如果对方说得太多，有时候人们会感觉受不了了，就会说：“我希望你安静点儿；我不想再听你说什么了。”

马歇尔：如果你是非暴力沟通者，你的意识里就不会有“太多”这样的词。认为有“太多”“正好”或“太少”这样的词是危险的想法。

参与者四：昨晚我听到你和其他培训师告诉我的是，我必须停下来一会儿，好让其他人有机会回应。

马歇尔：“必须”？

参与者四：不，不是“必须”。我的意思是，“怎么做好一些”。

马歇尔：是的，你知道，你不一定非得去做某事，因为人生有很多时候并不是非做不可。【笑声】

参与者四：嗯，我是想从朋友那里得到点信号……

马歇尔：当他不想再多听一个字时?

参与者四：是的。

马歇尔：当我们不想再听别人说下去时，我们所能做的最善意的事就是让他们停下来。注意这个区别：不是“他们说得太多时”，我说的是“最善意的”。因为我问过几百人：“如果别人已经不想继续听下去了，而你还在说，在这种情况下，你是希望对方假装在听，还是希望他们让你停下来?”除了一位女士说她不知道能否在别人让她停下来时做到不难过，其他人都坚定地说：“我希望他们让我停下来。”

在非暴力沟通中，对着别人微笑、将眼睛睁得大大的，以掩饰你已经停转的大脑，对对方来说并不是好事。这对任何人都毫无益处，因为这时候你面前的那个人已经变成了压力和紧张的来源，没有人希望这样。人们希望自己做的每件事、说的每句话都能让你的人生更丰盈。所以，当他们的行为没有产生这种效果时，请友好地对待他们，让他们停下来。

我花了好些时间才鼓起勇气去验证这一点，因为在我成长的主流文化中，这种行为是没有过的。还记得在一个社交场合中，我第一次决心冒险这么做。当时我和北达科他州法戈城的一些教师共事，被邀请参加一个社交聚会，大家坐在一起聊天。不到十分钟，我就没什么精神了。我不知道这样的对话有什么意义，大家有什么感受，想要什么。一个人可能会说：“诶，你们知道我们在假期里做了什么吗?”然后他们就会谈谈假期，再然后，其他人也会谈谈他们的假期。

听了一会儿后，我鼓起勇气说："不好意思，对这样的聊天我有些不耐烦了，因为我想与你们相连，但却没有真正感受到这种相连。我想知道你们是否喜欢这样的谈话，这会对我很有帮助。"如果他们确实喜欢这样的谈话，我会努力找出办法来让自己也乐在其中。但是，其他九个人都停了下来，盯着我，仿佛我把一只老鼠扔进了大酒杯里。

有两分钟的时间我觉得自己死定了，但很快我就想起来，从来都不是他人的反应让我感觉糟糕。既然感觉糟糕，我就知道自己戴上了评判的耳朵，认为自己说错话了。换上非暴力沟通之耳后，我能够从他们的沉默中听出他们的感受和需要，于是说："我猜你们现在都很生我的气，宁愿我没有参与你们的谈话。"

我将注意力转移到对方的感受和需要上来，顿时就感觉好多了。注意力转移到这以后，我就彻底消解了他人让我灰心丧气、将我非人化、或让我觉得自己一无是处的权力。这是千真万确的，尽管在这个例子中我猜错了。我拥有非暴力沟通之耳并不意味着我总能猜对。我猜他们很生气，但其实他们没有。

第一个开口的人对我说："不，我没生气，我只是在想你刚才的话。"然后他说："曾经我也很烦这种聊天。"他正是刚刚说话最多的那个人，但这不再让我感到惊讶。我发现，如果我听得烦了，很可能说话的那个人同样觉得很无聊。这通常意味着我们的谈话没有生气，我们不仅没有在谈话中了解彼此的感受和需要，反而陷入让双方都感到无聊的社交习惯中。如果你是中产阶级的一员，可能已经习惯如此，甚至都不会意识到这一点。

我记得巴迪·哈克特曾说，到了部队他才发现自己可以吃得惯清淡的食物。在那之前他太习惯母亲做的饭菜了，胃灼热已经成为一种生活方式。类似的，许多中产阶级人士都太习惯于无聊乏味了，以至于这也成为一种生活方式。大家就是聚在一起随意漫谈，这种聊天毫无生气，但这是你知道的唯一方式。我们已经死了，自己却还不知道。

我们这群人一个接一个地发表看法，九个人都表达了和我相同的感受：不耐烦、沮丧，觉得我们人虽在这儿，但却毫无生气，身心怠惰。然后，一位女士问："马歇尔，我们为什么这么做呢？""做什么？""无所事事，让彼此无聊。你只是今晚在这里，而我们每周都这样！"我说："可能我们还没学会像我刚才那样冒险，把注意力放到生命活力上。我们真的从生活中得到我们想要的了吗？如果没有，让我们为此做点什么吧！生命的每一个时刻都很珍贵，非常珍贵。所以，当我们活力不足时，让我们做点什么，唤醒它。"

○ "你想要我怎样？"

参与者五：马歇尔，我在想，有时我们女人和丈夫聚到一起，开着车兜风，会说"哇，那栋房子好漂亮啊！"或"看那个湖——我就想去这样的湖上玩！"他们就会认为得给我们把那房子买下来，或立刻带我们去那湖上玩。即使我们看起来好像很感兴趣，但我们并不是在索要什么东西——我们只是大声说出来而已。

马歇尔：那现在，我可要替男士辩护了——当然不仅仅是替男士。当你说起某个事物，但又不说你想想要他人怎样时，你给对方制造出的痛苦比你可能意识到的还多。其他人不得不猜测："她是想让我说些那件东西很可爱之类的表面话，还是在试图给我传达什么言外之意呢？”

就像下面这个例子中的那位先生。在达拉斯机场往返于航站楼之间的小火车上，一位先生坐在他妻子旁边，我坐在他们对面。车开得非常慢，于是，这位先生很烦躁地转过头对他妻子说：“我这辈子都没见过这么慢的车！”注意：这和“那栋房子好漂亮啊！”是不是很相似？她称赞房子时想要什么？他说车慢时又想要什么呢？他没有意识到，当我们只给评论，而不清楚说明我们想从中获得什么时，会给对方带来多大的痛苦。这就成了猜谜游戏。但是，要知道你想从自己的话中得到什么，需要有一种活在当下的意识，全心投入于当下。而他除了一句“我这辈子都没见过这么慢的车”，再没说其他的话。

我坐在他们对面，能看出他的妻子感到很不自在：她爱的人正在痛苦中，她却不知道他想要什么。所以，她做了我们在不知别人想要我们怎样时都会做的事：沉默。

然后，他做了我们没有得到自己想要的东西时都会做的事：重复自己说过的话，好像只要不断重复，就会有奇迹发生，就能得到自己想要的。我们没有意识到那样只会让他人精疲力尽。

于是，他又说了一遍：“我这辈子都没见过这么慢的车！”

我喜欢她的回答：“车都是电子控时的。”我认为这不是他想要的。为什么她给了他已知的信息呢？因为她想从中调停，让情况变好，但又不知道该怎么办。他没有告诉她想要什么，这就加重了她的痛苦。

于是，他第三次重复："我这辈子都没见过这么慢的车！"这回她说："你想让我对此做些什么？"

你看，他想要的东西是我们每个人每天都想要的，求而不得时，我们就会情绪低落。每天我们都想要这样的东西，通常还不止一次；没有得到时，我们就会为此付出高昂的代价。大多数时候我们想要某样东西，自己却不曾察觉；即使意识到了，也不知道怎么开口要。这就是悲剧所在。

我肯定他想要的只是理解。他想要一种回应，告诉他她明白他的感受和需要。如果他们学习过非暴力沟通，那段对话应该是这样的：

丈夫：天啊！我这辈子都没坐过这么慢的车！你能现在就对我的感受和需要做点回应吗？"

妻子：我猜你现在是真的很恼火，希望他们能够换种火车管理方式。

丈夫：没错。而且，你知道，如果我们不按时赶到那里，我们就要迟到了，可能就得在票上额外花钱。

妻子：所以你害怕，你希望能准时到站，这样我们就不会另外多花钱。

丈夫：是啊。【叹气】

当我们感到痛苦时，若有一个人给予我们理解，这是很可贵的。这种关注有着惊人的作用。它没有解决问题，但建立了一种联系，使得问题解决变得更能让人忍受。当我们没有得到理解时——就像那位先生一样——双方都会觉得比开始时更加痛苦。

○ 强迫性暴食背后

参与者六：马歇尔，我能跟大家分享昨晚发生的一件事吗？我丈夫不能陪我参加第二天晚上的夫妻关系工作坊，因此我心里不太舒服。晚上我11点回到家，他11点零5分时从汽车旅馆给我打来电话，我告诉他课堂里发生了什么，他错过了什么——一群人讨论了吃的话题，这对我来说很重要，因为我是个强迫性暴食者。之前，我俩已经到了他根本不想和我讨论食物问题的地步，因为他觉得我简直是在用食物杀死自己。这对他来说很痛苦，他都不愿谈这件事。

于是，我告诉了他你的建议，告诉他工作坊上发生的事，然后，这些年来他第一次敞开了心扉。讲完课回到家，他吃了一个冰激凌来缓解这一天课没讲好的糟糕情绪。接着，我们终于在以吃来躲避痛苦这件事上，真正理解了对方。

昨天我突然想通了——真的想明白了！。我想吃杏仁摩卡糖，于是我就想象着巧克力啊杏仁啊里面脆脆的馅料啊，然后我想："我到底是想要什么呢？"爱！这个词在我脑中灵光一闪：我想要的，是爱。

马歇尔：你想和丈夫有某种情感联系。过去，你不知道怎么开口获得那种联系，结果，它可能就以糖果的形式出现了。

参与者六：对！这感觉很棒！我们打了一小时的长途，我觉得这是他第一次敞开心扉。

马歇尔：所以连续两晚你感到了真正的沟通！现在我们得让你

抛开“强迫性暴食者”这种念头，用非暴力沟通的语言与自己对话。使用非暴力沟通的语言时你不能说这个词，因为非暴力沟通中没有评判。记住，所有评判都是对事物的最糟糕的表达。非暴力沟通是一种方法。当我们这么说自己时，比如，“我是个________”，这是静态思维，会把自己困囿其中，导致预言自我实现。当我们认为自己（或其他人）是什么样时，我们的行动通常就会使其发生。非暴力沟通语言中没有“是”这样的动词；你不能说“这个人是懒的”，“这个人是普通的”，“这个人是对的”。让我们把“强迫性暴食者”翻译成非暴力沟通语言。用你今晚已经学到的四个信息。

参与者六：“每当我出于需要被爱、被感动等而吃东西时……”

马歇尔：我感觉怎样？

参与者六：“我觉得食物在某种程度上缓解了我……”

马歇尔：“我感到沮丧……？”

参与者六：“我感到沮丧，因为我没有满足自己的需要。”

马歇尔：“我感到沮丧，因为我真的非常想搞清楚自己的需要是什么，这样我就能满足它们了。”

参与者六：对，没错。

马歇尔：“所以我想继续像昨晚和比尔打电话那样沟通。现在每当我感到有这个冲动，我就想停下来问问自己，‘我真正需要的是什么？’”你看到我们怎样翻译这个评判了吧？“我是个强迫性暴食者”，我们将这句话转换成我感觉如何，我没被满足的需要是什么，对此我想怎么做。这就是如何以非暴力沟通的方式与自己对话。

“当我因为想要其他东西而吃东西时……”这是第一步，她对自己所做之事的观察。第二步是她注意到自己的感受：“我感到沮丧。”第三步是：“我没有满足的需要应该和我真正想要的相联系，这样我才可能得到自己想要的。”最后一步是：“我想对此做些什么来让自己的美梦成真呢？”当我发现自己想吃东西时，就停下来问自己：“我真正需要的是什么？”然后我意识到了自己真正的需要。

现在她不再认定自己是什么样的人了，她更懂得这个一步步向前推进的过程。也许这并不能解决问题，但是通过这么做她能找到解决方法，因为她不再老是想自己是什么人，而是关心自己的感受和需要，以及自己要对此做些什么。作为非暴力沟通者，千万不要认为自己是个“有价值的人”，因为如果你这样想，你就得花大把时间质疑自己是否是个“无价值的人”。非暴力沟通者不会花时间思考自己是怎样的人，而是思考每一个当下的事——不是“我是什么”，而是“我此刻的生活如何”。

○ 清楚自己想要什么

参与者七：有时，我们习惯了自己做每件事，都没有体会到让别人帮助我们有多美妙。你在和参与者六说话时，我在想，如果人能了解自己的需要，那该多好啊。有时我只是不知道自己需要什么，然后就很沮丧。

马歇尔：我们大多数人都不知道自己想要什么。只有在得到了某样东西，而它却让我们的生活变得一团糟时，我们才意识到这不是我们想要的。比方说，我想要个冰激凌蛋筒，于是买了一个，吃完感觉很不舒服，这才意识到这不是我想要的。

对于一个非暴力沟通者来说，这不是分清孰是孰非的问题。使用这种生命的语言需要勇气，需要你更多地基于直觉，而不是基于思考做出选择。非暴力沟通是要了解你未被满足的需要，并选择你对此想采取的行动。

参与者七：我发现自己是个实干家。

马歇尔：你给自己贴标签了。

参与者七：我的意思是，我想通过帮助他人做点什么来和他们建立联系。有时我遇到一些人，他们并不期望得到我的帮助，这种感觉太好了。但是，接着我就会开始想他们是否真想获得帮助，还是只是不愿让我走进他们心里。

· 当他人不愿接受时 ·

马歇尔：那可能是因为在过去的生命中他们总让人给自己做事，然后再付钱给那些人。这种感觉很可怕，所以，现在他们也不信任你了。他们不知道给予还有有另外一种方式，那些给予的人不是为了照顾他们，而是发自内心愿意这么做。

参与者七：我很伤心，因为我无法明确地告诉他们，我想要的是发自内心地给予。也许我可以跟他们说："你们不给我机会让我付出，这让我很伤心。"

马歇尔：如果你只说到这里，那我们就回到小火车上那位先生的情况了。

参与者七：那我再加上一句："你能否告诉我，你愿不愿意给我这个机会呢？"怎么样？

马歇尔：很好，我很高兴你加上了这句话。你感到伤心，因为你真的很想有机会为他人付出，让他们既接受你的礼物，又觉得心安。

参与者七：是的，这真的很简单。

○ 我们在吵架吗？

参与者八：每次我试图跟我女朋友谈点什么时都感到很沮丧，因为她告诉我她不想吵架。每次我试图表达自己的感受和需要时，她都觉得我是在跟她吵架！她说不想当着她孩子的面吵架（孩子一直都在那儿）。

马歇尔：哦，那是有点难办。如果人们认为我们想要争吵，他们就会觉得我们想赢。因为有着评判性思维的人几乎不会想到你可以心平气和地表达自己的感受和需要，而不指责其他人，因此很难说服他们相信我们不是这么想的。

参与者八：但最让我郁闷的是，即使我试图理解她的感受，她也认为我是在和她吵架！每当我试图去猜测她的感受和需要时，她都觉得这是"吵架"。

马歇尔：因为她不想让你评判她。她害怕一旦承认你所说的或允许自己脆弱，你就会打击她，说她有那些感受和想法是错的。

参与者八：按她说的，她真的不喜欢处理这些事的原因是她希望生活中只有美好的部分，而没有那些沉重的东西。

马歇尔：是，生活中有太多令人不快的东西了，干吗要关注不开心的事呢？

参与者八：嗯，也对。

马歇尔：那正是我爸爸参与第一次工作坊时所说的话。如果你这么看的话，这句话很有意思。但当他第一次从小组成员那里认识到，如果他们的父亲能够直接表达出痛苦，那么感受父亲的痛苦也是一份礼物——将他的感受和需要当作礼物——对此他觉得不可思议。从此，他发生了很大的变化。

肯定有许多人认为谈论痛苦是种消极的、不愉快的经历，因为他们把它跟内疚游戏、惩罚等其他事物联系起来。他们没有把它看成非暴力沟通之舞的一部分，没有认识到能够谈论这些感受有多美好。写书的第一版时，我将积极感受和消极感受分别列了两个单子。然后我注意到人们如何认为消极感受是消极的。而那不是我的本意，因此，在第二版里我将"积极"和"消极"两个词打上引号，但似乎还是不管用。所以，现在我将之改成："我们的需要得到满足时的感受"和"我们的需要未得到满足时的感受"，以表现这两点都很重要，因为二者谈论的都是生活。

所以我们得做些功课来说服你的朋友了。

马歇尔，扮演女朋友：听着，我不想和你争论。人生已经有够多让人不开心的事了，为什么我们就不能开开心心地过个晚上，看看电视，享受彼此的陪伴呢？

参与者八，作为非暴力沟通者：那么你是感觉生气了……

马歇尔，扮演女朋友：又来了！总是谈感觉！

参与者八，回到他自己：【沉默】哦。

马歇尔，作为他自己：【对着听众笑起来】那么，你们喜欢看着这个家伙受罪？

马歇尔，扮演女朋友：你这么做我真是受不了！【然后她回到自己的房间，砰的一声关上门】

参与者八，回到他自己：其实更有可能的情况是，她连珠炮似的轰炸我，然后我被打倒在地。【笑声】

马歇尔：倒数十秒！好了，你扮演她，尽管放话过来吧！

马歇尔，作为非暴力沟通者：那么你真正想说的是……

参与者八，扮演女朋友：不要再说了！不要再说了！不要再跟我提这个，因为我不喜欢谈这个！

马歇尔，作为非暴力沟通者：我感到非常沮丧，因为我……

参与者八，扮演女朋友：为什么你就不能扮扮好人，我愿意与之共度良辰的那种人？让我们好好爱对方，忘掉这些！

马歇尔，作为非暴力沟通者：你想让我们共度的夜晚轻松舒适，彼此都觉得是享受，对吗？

参与者八，扮演女朋友：对。

马歇尔，作为非暴力沟通者：我也很喜欢我们关系中的那部分，我发现，当我们能处理所有一切时，就有那种感觉。你知道，我希望想笑时就能开怀大笑，想哭时就能放声大哭。如果将它们砍掉一半，我会发现另一半也没了。这点很重要。你能告诉我你所听到的吗？

参与者八，扮演女朋友：你又开始大谈特谈感觉啊沮丧啊。我不想听这些！

马歇尔，非暴力沟通者：那么，你是真的很怕陷入那些忧郁的感觉里，而想要置身其外，是吗?

参与者八，扮演女朋友：是的，而且，今晚当着我孩子的面，我不想吵架。

马歇尔，作为非暴力沟通者：你是担心我们会吵架吗?

参与者八，扮演女朋友：请不要再说了!

马歇尔，作为非暴力沟通者：当孩子不在这里时我们再继续这个对话，怎么样?

参与者八，扮演女朋友：行，如果你想，可以在午饭的时候来找我。

【午饭时】

马歇尔，作为非暴力沟通者：我想告诉你不管是什么样的感觉，都有一种方式可以让你感觉它是非常积极的。

参与者八，扮演女朋友：我不想听这些。你又要开始喋喋不休工作坊的那些内容了吧?【笑声】我只想专注于生活中积极的部分，不想提起那些怨气。我只想享受美好的事物。

马歇尔，作为非暴力沟通者：你真的想享受生活，不想陷在负面事物的泥沼里，对吗?

参与者八，扮演女朋友：是的，我不想我的生活中有那些负面的东西。你知道艾米丽今天出什么事了吗?她去接儿子，却哪儿都找不到他。一开始她以为他和邻居家的孩子们一起回家了。但是不一会儿，她碰到了一个邻居的小孩，说他看见她儿子在午饭时和一个他从未见过的男人一起离开了学校。你可以想象艾米丽当时的心情了，特别是两年前她姐姐的小孩出过类似的事。记得吗?我记得我告诉过你就是她姐姐来走亲戚的那次——

马歇尔，作为非暴力沟通者：抱歉我得打断你一下。你是说，听到类似艾米丽那样的事，对你来说是很恐怖的经历？

马歇尔，回到他自己：看到我是怎样做的了吗？这位女朋友说的话超过我想听的了，于是，我的精力开始下降。所以，我以非暴力沟通方式打断了她，以便理解那一刻她言语背后的感受。我并不是想和对方抢话，而是让对话恢复生机。就像我说过的，我的猜测是，当我觉得无聊时，一般对方也觉得无聊了，所以，让他们停下来对彼此都是好事。

马歇尔，作为非暴力沟通者：你是想告诉我，你觉得那种经历特别可怕？

参与者八，扮演女朋友：是啊，他可能会跑到大街上，然后——

马歇尔，作为非暴力沟通者：你发现任何时候我们都有可能失去生命，这点让你很害怕。

参与者八，扮演女朋友：不要又对我来那套！当他走到大街上，他妈妈追上来了——

马歇尔，作为非暴力沟通者：抱歉，我又要打断你一下。我真的觉得很不耐烦，因为在我们的谈话中我没有得到我想要的那种理解。

参与者八，扮演女朋友：好吧，但是现在我得去接孩子。快放学了——

马歇尔，作为非暴力沟通者：我希望你告诉我你是否还想继续我们的关系。

参与者八，扮演女朋友：当然了，你知道我真的很爱你，很想和你在一起啊。

马歇尔，作为非暴力沟通者：但我真的不知道该怎么继续下去，在这段关系中我需要的一些东西总是得不到，比如，谈论某些感受的能力。如果这和你希望从恋爱中得到的东西不同，那我想搞清楚，以便我们能够有一个非暴力沟通式的分手。

参与者八，扮演女朋友：【突然使用了非暴力沟通语言】这么说来你是真的感到非常沮丧，因为你想表达你的感受和需要，对吗？

马歇尔，作为非暴力沟通者：这是我想要的，但我不知道你需要在我们的关系中怎么做。

马歇尔，回到他自己：有些人想把事情保持在那个层面上，他们有权寻找愿意和他们一起停留在那一层面的人。但我发现没有人能真正做到这一点。他们经常误以为我想要他们回忆过去的痛苦。通常我也能够让他们看到，他们理解的意思和我实际的意思之间的差别。但对这位女朋友，我可能必须得聪明地为此安排时间，因为她没有给我多少时间。

○ 对“不”的解读

参与者九：我知道非暴力沟通是要弄清楚自己的需要，提出自己想要什么的请求，但这对我男朋友不管用啊。如果我跟他说想要什么东西，他就会很愤怒，暴跳如雷。然后我就告诉他要大方点儿，或者也许我宁愿自己一开始就没跟他提这些！

马歇尔：很奇怪呵，一个词竟然能让听到的人一下子变得像野兽一样。他们自己变得粗暴，同时也粗暴地对待说话人，而这只是个很小的词——只有两个字母。谁能猜出来是哪个词吗？

许多参与者：是“No”！

马歇尔：没错。让人惊讶的是，很多人竟如此害怕这个词。他们不敢开口索求自己想要的，因为他们担心如果别人说“不”该怎么办？我告诉他们，不是“不”困扰了他们，他们则说：“就是它，我很害怕被拒绝。”问题从来不在于“不”本身，而在于当别人说“不”时我们对自己说什么。如果我们告诉自己这是个拒绝，问题就来了，因为这很伤人。当然，如果我们有非暴力沟通之耳，就永远不会听到“不”。我们会认识到，“不”只是对一个人想要什么的漫不经心的表达。而我们不会听到漫不经心，只会听到想要的。这需要训练。

马歇尔，对参与者九说：那么你男朋友是怎样对你说“不”的呢？

参与者九：呃，我要某样东西，他就说：“不！”然后我说——

马歇尔：根据你刚才所说的，我们就知道问题是什么了。各位，他听到了什么？

参与者九：要求。

马歇尔：他听见了要求。每当人们那么说“不”时，他们都特别害怕自己的自主权会被夺走。他们害怕如果真的听到了对方想要的，自己就会被卷入其中，不管愿不愿意都必须得做。因此，当人们那么说“不”时，我们知道他们压根就没听进我们的请求。这与我们无关；很显然这不是拒绝，因为他们甚至都没有听见请求——他们听见的是要求。

参与者九：所以这时，我试图去猜测他的感受，而他说："我只想让你明白，我不想玩这种游戏，也不需要这样。我只想让你明白这个事实，我的答案是不。"

马歇尔，扮演男朋友：你只要明白我是多么害怕自己的自主权被夺走。

马歇尔，回到他自己：能做自己选择的事是非常难得的，我们做是因为自己的选择，而不是因为我们爱的人必须要拥有某样东西，也不是因为如果我们不去做他们就会抓狂，或喋喋不休、不依不饶，直到我们去做为止。人们非常害怕将这么多生命浪费在并非出自真心的给予上，所以他们对此反应很大。他说："懂我的意思了吧！理解我的话！我只是今天不想做这个。我只是需要保护我的自主权。"从你男朋友说"我只想让你明白"时的语气来看，他讨厌依附于他人，因为没有自主权而郁闷不已。那你接着对他说了什么？

参与者九：我就转过身睡觉了。【笑声】好吧，我对他大喊大叫了一通："不，不，不！"我很生气，愤怒无比，说："我很难过。"然后他说："得了吧，你那么有活力。"【笑声】然后他就沉默了。

马歇尔：你知道他是真的害怕。他觉得面对你他无法保护自己。你正处于盛怒的状态，他知道要撤退，要保护自己。

参与者九：那在这种情况下我该怎么办？就自己默默地忍着【给予自己理解】吗？

马歇尔：当然，最重要的是，你要认识到这和你无关。

参与者九：呵，这个我可以做到。

马歇尔：在别人对我的需要说“不”时最好的做法就是：确定我认为自己的需要没什么不对。我得很快做到这一点，因为，在那种激烈的情绪和痛苦下，我可能会犯错，认为如果我的需要让别人那么害怕，那一定是它们有什么问题。

参与者九：呃，我只是希望听出他想要什么。

马歇尔：他被保护自己的自主权这个需要捆住了——这个自主权就是他想要的。在这段感情中，他需要有个空间让自己觉得安全，让自己感觉在他准备好做某件事之前不会被卷入其中。

参与者九：所以，我能一定程度上保持安静，去理解自己。

马歇尔：嗯。你要知道，如果他和大多数男人一样，那么他要三生三世才能明白这一点——如果我妻子说得没错！【笑声】所以，与此同时，你要去找些同性朋友，不要把自己给气坏了。有一次，我妻子说了一句玩笑话——我听过的最棒的俏皮话，她说：“你可以把要求当作一块石头。”【笑声】我说：“说得对！”

· 用非暴力沟通的方式反复重申你想说的 ·

参与者九：每当他陷入依附、没有自主的忧郁中，我真的很绝望，因为我想让他知道，实际上我不能迫使他做任何事，所以，他完全不用担心。如果他能相信这一点，我们之间就会开心多了。你听到我的痛苦是什么了吗？

马歇尔：只有当他感觉到你能够充分理解他在亲密关系中的恐惧时，他可能才会开始理解，当你有自己的需要并将这种需要表达出来，却总是被他当成命令时，你有多沮丧。当然这可能需要很长时间。

参与者九：有没有什么办法能够让我和他有效地沟通？让他知道，我多么希望他能明白我并不能强迫他做任何事。

马歇尔：你可以试试。这个人会把听到的任何话都当作要求，甚至是——也许尤其是——你的沉默。所以，也许你也该享受一下吼出来的乐趣。如果你将自己的需要深藏在心里，那他就会将之当作一个重担背负着。将你必须说的话对他吼个几千次，兴许他就能理解了。

参与者九：我关注的是不对他说、自己调整自己的内心，因为他也许会认为我是通过避而不谈来回避这件事。

马歇尔：是啊，不能说出我们的需要是多么痛苦啊。大声嚷嚷也没什么不对："我想让你告诉我，我必须做什么，或说什么，才能让你相信我从来没想过要让你陷入任何痛苦的事情之中。"同时，理解他的恐惧，也许他成长于一个总是数落他有错的家庭。他经历过各种各样的阴谋诡计，所以，他需要大量的时间和耐心来学会信任他人。我觉得，仅仅告诉他你不想强迫他做任何事不会起作用，因为他早年的经历给他带来了恐惧，所以他需要大量的理解。

○ 表达感受和需要

马歇尔：谁还有类似的经历？

参与者十：是我男朋友打来的一个电话，他说："嘿，我今天来不了了。我女儿下午1点半放学，我想跟你好好相处，但如果我们在一起我会紧张。”

马歇尔：那你怎么回答的呢？

参与者十：我很清楚自己的感受：“我觉得很难过。”我是这么说的。

马歇尔：“我觉得很难过。”

参与者十：是的，但我当时不能确定自己的需要。

马歇尔：你没能说出自己的需要，而且，在当时那种情况下，你那句话也显得有点评判意味。这个人需要理解，听到的第一句话却是“你很难过”。这样一来，争吵就要开始了。

参与者十：听我这么说后，他问：“为什么？”

马歇尔：我问过许多国家的人：“你听到的最让你难过、最让你没安全感的话是什么？”“为什么”这个提问高居榜首。如果你真的想吓吓人，问“为什么”。“为什么？”

参与者十：我沉默了，一言不发。然后他列举了一大堆不能来的理由。

马歇尔：这个可怜的、找死的家伙。他没有意识到当他试图解释，试图为自己辩解时，听起来就像攻击。然后呢？

参与者十：我说：“我很难过，我要想想。”然后我想，我要打电话给我的一些学习非暴力沟通的朋友。

马歇尔：哈，聪明的做法！好了，如果我理解得没错，你是真的很想跟这个人在一起。

参与者十：是。

马歇尔：但是这个人的需要和你的需要相冲突。他在说："我现在有其他需要，而不是满足你的需要。"

参与者十：是的，理智上我能明白，但心里……

马歇尔：理智上你能理解，但心里很难过，因为你听到了什么？

参与者十：我听到了"我不想和你在一起"。

马歇尔：是的，你听到了拒绝。就这样，让生活真正悲惨起来。当一个人的需要和我们的需要相冲突，那个人说"现在我想做其他事，而不是满足你的需要"时，你就将之理解成"我不想和你在一起"。你说得比较委婉，你说"我很难过"。我必须承认，听见"不"时，我戴的就是评判性的耳朵，这个时候很难戴上非暴力沟通之耳。

是的，不管怎样，让我们学习在这种情况下怎么戴上非暴力沟通之耳，因为这可以省却我们很多痛苦。如果听到他人与我们的需要不同，就将之视为拒绝，那么我们很快就会真的被拒绝。每当你的需要与他人的需要有冲突时，你就将之理解为拒绝，谁会愿意和这样的人在一起呢？这很快就会让事情沉重起来。所以，除非我们学会戴上非暴力沟通之耳，否则，我们只会将对方推开。我知道，这样做并非很容易，但我们需要学会戴上非暴力沟通之耳。【马歇尔戴上一对毛茸茸的非暴力沟通之耳，观众轻声笑起来。他对笑声回应道】我觉得很受伤。【更多笑声】

参与者十：你的耳朵不起作用啦。【更多的笑声】

马歇尔：是的，这对耳朵显然不够完美。我需要换一对。

现在，我一戴上这对耳朵，奇迹就发生了：拒绝从地球上消失了。我从未听到“不”，也从未听到“不想”，评判和批评也从地球上消失了。我所听到的都是真相，对非暴力沟通者来说就是：所有人表达的都是他们的感受和需要。不管人们怎样表达，他们一直在说的事情就是他们现在怎样，以及他们想要什么以使生活更美好。当人们说“不”时，这只是一种让我们知道他们真正想要什么的糟糕方式。我们不想因为听到拒绝而使事情变得更糟，因此我们听到的是他们想要什么。

你们中有些人也许听我说过这个例子，妻子对丈夫说：“我不想你花这么多时间在工作上。”然后丈夫就报名参加了保龄球俱乐部，妻子更生气了。【笑声】她告诉他不想让他做的事，但他没有非暴力沟通之耳，不知道如何听出她真正想要的是什么。当然，如果她直接说出自己真正想要什么，事情就会简单些。但是，如果他戴着非暴力沟通之耳，当她说“我不想你花这么多时间在工作上”时，他会说：

丈夫：哦，这么说来你很关心我的幸福，你希望我能多点娱乐？

妻子：不是的。过去半年的时间里，你只花了两个晚上陪我和孩子。

丈夫：啊，所以你真的很失望，觉得我们在一起的时间太少了，你想让我每周至少有一个晚上陪陪你和孩子？

妻子：没错。

你们看，使用非暴力沟通之耳，我们绝不会听到人们不想要什么。我们努力帮助他们搞清楚自己真正想要的是什么，因为只清楚自己不想要什么是很危险的，这会让我们陷入各种困惑。

当我们清楚自己想要从别人那里得到什么、特别是当我们清楚自己希望别人出于什么原因而这么做时，我们就知道，决不能通过任何威胁或惩罚措施使我们的需要得到满足。不管我们是家长、老师，抑或其他任何身份，都无法通过惩罚来满足我们的需要。但凡头脑清醒一点的人，都不会希望他人为我们做某事是出于恐惧、内疚或羞耻。我们以非暴力沟通为导向，足以看到未来，看到任何时候如果有谁出于恐惧、内疚或羞耻而做什么事，那每个人都是输家。所以，我们现在要戴上非暴力沟通之耳，给予此人理解。让我们再试试。

马歇尔，扮演男朋友：我真的很纠结。当我头脑清醒、可以全神贯注地听你讲话时，我真的很想和你在一起，但是今天，我的注意力被女儿转移了。

参与者十，回到她自己：你希望我也是非暴力沟通者吗？

马歇尔，回到他自己：是的，戴上这些耳朵。【他将一对非暴力沟通耳朵递给参与者十，她将之戴上。】

参与者十，作为非暴力沟通者：我真的很失望。

马歇尔：不，不，这个可怜的人需要的是理解。

参与者十，作为非暴力沟通者：那么，当你能全心全意与我在一起、不会分心的时候，你真的很想和我共度一些美好时光，只是今天，因为你女儿放学早了，你需要照顾她，是吗？

马歇尔，扮演男朋友：是的，谢谢你理解我。你看，我很害怕如果我不能一直满足我在乎的人的需要，那个人就会误认为我在拒绝她，然后我就会被拒绝，被抛弃。所以我不敢告诉你，我的需要和你的相冲突。我曾有过那样的糟糕经历——当我不按别人希望的那样做时，我就得不到自己想要的爱。我很怕告诉你我的需要和你的相冲突，怕你会将之理解成“我不想和你在一起”。

参与者十，作为非暴力沟通者：你想要更多理解吗?

马歇尔，扮演男朋友：嗯，我想要更多理解。

参与者十，作为非暴力沟通者：我猜，今天你没办法陪我了，这让你很害怕，因为你觉得自己需要照顾女儿。你也不敢告诉我，怕我觉得你是不想花时间和我在一起。过去，你有很多这样的经历，很多时候你想满足你所关心的人的需要，但当你的需要跟他们的相冲突，或当你没有能力做到时，他们就会觉得你是不想花时间跟他们在一起。当他们感觉被拒绝了时，就惩罚你，然后你会觉得羞愧难当。他们评判你，你就感到更内疚、更害怕了。

马歇尔，扮演男朋友：是的，没错！能得到你的理解感觉真是太好了！管他什么女儿，我来了！【笑声和掌声】现在，当你说你很难过时我能听进你说的了，因为我已经先得到了我想要的理解。

参与者十，作为非暴力沟通者：我在想，现在你是否愿意听听我的感受。

马歇尔，扮演她的男朋友：愿意，我想听听你现在的感受。

参与者十，作为非暴力沟通者：我真的感到很失望。

马歇尔，扮演男朋友：哦，对不起，我没想让你失望的。

马歇尔，回到他自己：现在，注意，他已经有了为别人的感受负责的“自杀”倾向。她一说自己很失望，他马上就警觉起来。没有非暴力沟通时，人们一听到有人正痛苦着，马上就会觉得自己做错了什么并且现在必须为此做点什么。然后这个人就会做不熟悉非暴力沟通的人首先会做的事：道歉。你知道，当你听到“我很抱歉”这四个字时，立即就能感到一种评判意味扑面而来。然后他就反复说着一大堆你不想听的理由，比如，为什么他今天去接女儿很重要啦，把你丢在所有的痛苦中啦，没有得到任何理解啦等等。

马歇尔，扮演男朋友：真对不起，我没想让你失望的。但这是我唯一的一天，滔滔不绝、喋喋不休，借口，借口，为自己辩护，辩护，等等。嚯！【笑声】

参与者十，回到她自己：这时要表示理解吗？

马歇尔，回到他自己：不用，用非暴力沟通语言吼出来吧！你已经对他表示了理解，现在要回你想要的理解。

参与者十，作为非暴力沟通者：呃，我现在就需要和你分享我的感受。

马歇尔，扮演男朋友：可以啊，这么做很重要。

参与者十，作为非暴力沟通者：我现在想做的就是，告诉你我的感受，在我说完之后，也许你得重复一遍我说过的话，好吗？

马歇尔，扮演男朋友：哦，可以，不过我有个坏习惯，我听话听不准。我从来都不是一个好听众。我妈妈也不是个好听众，还有，呃，你知道的……【笑声】

参与者十，回到她自己：下一次我得跟他妈妈谈谈吗？

马歇尔，回到他自己：不，大声用非暴力沟通方式说出来吧。

参与者十，作为非暴力沟通者：我听出你因此而感到有些痛苦。

马歇尔，回到他自己：不，不用给他那么多理解，用非暴力沟通方式吼出来吧。

参与者十，作为非暴力沟通者：我需要与你分享这件事给我的感受以及我在这件事情上的需要，我真的很希望你能倾听我要说的话。之后，我希望你告诉我刚才我说过什么，好吗？

马歇尔，扮演男朋友：好。【马歇尔耸耸肩、转转眼珠，观众笑】

参与者十，回到她自己：你事前跟他谈过吗？【更多笑声】

马歇尔，回到他自己：我对他的表达方式可是一清二楚！

参与者十，作为非暴力沟通者：听到你说你今天不能陪我了，我真的非常失望。

马歇尔，扮演男朋友：好吧，但是……

马歇尔，扮演非暴力沟通教练对她的男朋友说：嘘，嘘，听她把话说完。

马歇尔，回到他自己：有时你们需要一个非暴力沟通教练来救场。

参与者十，作为非暴力沟通者：我非常期待与你一起度过那一天，因为我很喜欢有你陪在身边，我当时需要见到你。

【马歇尔模拟爱评判的玩偶（男朋友）和非暴力沟通玩偶（NVC教练）之间的对话。】

NVC教练：你能告诉她她刚才所说的话吗？

男朋友：是的，我理解她的感受。

NVC教练：你能不能直接说出她的感受？

男朋友：不，她是对的——她完全有权那么想。是我太糟糕了。早知道自己可能没法做到，我根本就不该许下承诺。我太糟糕了。我只是感到特别内疚。

NVC教练：你有没有意识到，当你把她说的话当作是对自己的一种评判时，更加违背了她的本意？

男朋友：啊？

NVC教练：当你觉得别人说的话是意在指出你有错时，这就更加违背了对方的本意，因为这样的话，她不仅没有得到她所需要的理解，反而感觉自己的诚实给你造成了困扰。如果在她试图告诉你她的感受和想法时，你却觉得自己做错了什么，那么，以后她就会觉得坦诚相待很难。

男朋友：但是我没有戴非暴力沟通之耳，除了我做错了什么外我听不到其他的。

NVC教练：你想要非暴力沟通之耳吗？

男朋友：想！【马歇尔将非暴力沟通之耳戴在了爱评判的男朋友玩偶上，观众笑了】

男朋友：你真的感到很失望，因为我……

NVC教练：不，你的耳朵没戴好。她不是因为这个那个而感到失望。不用为她的感受负责，只要听出她的感受和想法就好了。

马歇尔，扮演男朋友：那么，你是因为很期待这件事，很想和我共度那一段时间，所以才感到失望。

参与者十，作为非暴力沟通者：没错！

马歇尔，扮演男朋友：【用新的非暴力沟通之耳倾听】这是你真正期待的事。

参与者十，作为非暴力沟通者：是的，很高兴听到你这么说！

马歇尔，扮演男朋友：得到理解的感觉很不错吧？

参与者十，作为非暴力沟通者：是的，感觉真的不错。

马歇尔，扮演男朋友：你不想让我觉得自己像个可怜虫？

参与者十，作为非暴力沟通者：当然不想。

马歇尔，扮演男朋友：你只是需要这种理解。

参与者十，作为非暴力沟通者：是的！

马歇尔，扮演男朋友：我要做的就这些？

参与者十，作为非暴力沟通者：【话语间别样温柔】是的，真的非常谢谢你听我讲这些。

马歇尔，扮演男朋友：这太神奇了！我总以为要想被爱就得做其他人想要我做的所有事。人们只需要我的理解和诚恳——这个观念真是太让人震惊了！谢谢你留在我身边。我会努力坚持使用非暴力沟通方式的。

参与者十，作为非暴力沟通者：我也希望这样！

马歇尔，回到他自己：当我们开始生气或自卫时，首先要做的事就是认识到我们没有倾听对方。能将我们从这些争吵中解脱出来的是我们的意识。如果我们完全没有从他人的话语中听到礼物，那说明我们根本没有倾听那个人。非暴力沟通之耳掉了时你得注意，愤怒是一个绝佳的线索，对非暴力沟通者而言，愤怒就像警钟。一旦我感到愤怒、开始自卫或听到攻击、要求，我就知道自己没有倾听对方。我不是去了解他们的感受和想法，而是在大脑中评判他们在某些方面是错的。如果正在运用非暴力沟通，我就知道要尽快闭嘴，戴上非暴力沟通之耳，倾听自己。如果戴着评判之耳，那我就已经伤害了自己。我怎么会这么做呢？

我倾听自己，理解自己。我意识到，戴上评判之耳听他人说话，给自己制造了多少痛苦。注意到这点，我便闭上嘴，享受大脑中的这场秀，就像看电影一样。【笑声】

○ 有时人们需要的不是安慰

参与者十一：我想知道，理解某人，说“你好像很害怕，需要安慰”和真的安慰他们有什么区别。如果他们说“是的，我确实需要安慰”呢？

马歇尔：如果他们说想要安慰，我也可以给他们安慰，那就没问题。问题是，当他们想要理解时我们却给了安慰。比如有一次，我的大女儿照着镜子，说：“我丑得跟猪似的。”我则说：“你是上帝创造出的全世界最美的人儿。”她说了声“爸爸！”然后就气冲冲地跑了出去，砰的一声关上了门。那时我做的是评判，而她想要的是理解。于是，为了满足我自己的需要，我试图弥补。

我做了什么呢？我稍稍评判了一下自己：“你整年都在教这个，当真遇到事情时，你就忘了。你忘了佛的建议：‘不要弥补，在此即可。’”然后，我走进她的房间，对她说：

马歇尔：我猜，你需要听的是你对自己的外表有多失望，而不是我的安慰。

女儿：没错。你总是试图弥补一切。【笑声】

马歇尔：呵呵的确如此。

○ 在公共场合谈论私事

参与者十二：有时我感觉自己是在顾及伴侣的感受。以前，有时我会和另一对夫妇或在一群人中说一些他认为是隐私或个人的事。尽管从此我对他的事和我的事区分得很清楚了，但是偶尔还会觉得能说和不能说的事之间的界线很模糊。所以我就在想，我们在人群中时，什么时候我征询他的意见“我可以说这个吗？”较为合适，同时又不会显得我太依赖他。有时我这么问，他说“不可以”或者说我不该说什么事，我就很愤怒，感觉像被审查一样。你明白我的问题了吗？

马歇尔：我想我明白了。让我想想。你是说，有时你不清楚自己的伴侣对你和别人谈论的事情什么时候感觉舒服，什么时候感觉不舒服。

参与者十二：是的。

马歇尔：你没有用非暴力沟通的方式提出你的问题，而正朝着一个危险的方向迈进。我给你把这个问题厘清了，并将之翻译成了非暴力沟通语言。在《精神病学的革命》一书中，人类学家厄尼斯特·贝克认为，抑郁源于认知受限的选择。他的意思是，你一开始就提出那种问题，就让我们的脑袋里充斥着这种无法回答的问题："这样行吗？""这样合适吗？"这类问题通常都无法回答，最后我们把自己的大脑都转晕了。注意，我将这些问题换了种说法。你说，有时伴侣对你说的一些事情感到不舒服，但这并不代表你不能说这些事，也并不意味着这么做不合适，而只是表明他不喜欢这样。你尽管问你的伴侣："我不知道哪些该说哪些不该说。你能给我举个例子吗，什么是你想让我说的，什么是你不希望我说的？"

马歇尔，扮演伴侣：显然，我不希望你对其他人说些不合时宜的话。【笑声】

马歇尔，回到他自己：我们需要搞清楚情感奴隶、谴责和释放之间的区别。情感奴隶和非暴力沟通差得十万八千里远——当人们认为他们不得不做每件其他人认为合适、正确、正常的事情时，就成了情感奴隶。这些人终其一生认为自己必须取悦别人，猜测别人觉得什么是合适的。这是非常沉重的负担，比如，有人回到家来，因为某事而感到难过，至于到底是为什么事，对于情感的奴隶而言没有任何分别。

伴侣：我对一切都感到难过。

评判者：哦，来，喝点鸡汤吧。

马歇尔：你看，无论什么事，只要有人在痛苦中，对方就认为该赶紧过来照顾这个人。然后他们来到非暴力沟通工作坊，也许对于我们为什么不对他人的感受负责这一点，我解释得不够清楚——我没有讲明我们应该对什么负责。结果，当他们从工作坊回到家，伴侣说“我对甲事依然感到很难过”时，他们回答说：“呃，那是你自己的问题，我可不对你的感受负责。”【笑声】

伴侣：你从哪儿学会的这个？

非暴力沟通学员：在非暴力沟通工作坊中。

伴侣：我要去杀了那些人！

马歇尔：非暴力沟通的概念是：我们不对其他人的感受负责，但我们知道，我们不需要跟他们作对，说一些“我可不对你的感受负责”之类的话。我们可以只倾听他人的感受，不失去自己关注的重点。我们可以倾听他们想要什么，理解他们，但不一定要做他们想要的事。我们要说清楚自己需要理解，而不是需要他们放弃或让步。倾听并尊重他人的需要并不等于我们必须做他们让我们做的事。

这回答了你的问题吗？还是我跑题了？你必须非常清楚你自己需要什么。没有非暴力沟通时，我们说：“我可以吗？”“这样行吗？”——非暴力沟通者从不是想得到别人的许可。非暴力沟通者从不放弃表达自己需要的权利，而让别人告诉他该做什么。

在非暴力沟通中我们会这样说：“这是我想要的，我想知道你对此的看法是什么。我不仅想知道自己的需要，也想知道你的需要——不是因为听到了你的需要，我就得放弃我的需要或是做出妥协。我知道我不能将自己的利益建立在你的牺牲上。你的需要和我的需要同等重要，但我很清楚，这从不意味着我得放弃自己的需要。”

○ 对亲密关系的恐惧

参与者十三：你准备好听我分享下一个事例了吗？她说：“我无法和你保持长久的关系。在你身边我迷失了自己。我在感情上还不够成熟。我发现自己现在行为异常，竟然陷入其中，同意和你保持长久关系。我一定是有什么毛病，以至于竟认为自己能如此迅速地爱上一个人。”我告诉她：“我仍然愿意做你的朋友。”她则说：“我不知道该说什么。”

马歇尔：是的，这个人学的都是“暴力沟通”概念里的爱，比如，“如果你真的爱一个人，你就会克制自己的需要，照顾他们”。这种人一旦进入一段亲密关系，一种相爱的关系，就会变得爱评判。在那之前，他们都很可爱，很棒。因为他们披着非暴力沟通的外衣，所以他们是最危险的评判者。【笑声】你看，在恋爱的早期，他们发自内心地付出；他们享受这种付出，这对他们来说很容易，在越界之前他们都不会意识到自己的付出。

这条界限是什么呢？就是当人们害怕他们已经“做出承诺”时。如果你真的想吓死他们，谈论承诺吧，或者用“认真的”这个词。一旦他们认为这是段“认真的感情”，或者“爱”这个词出现——“我爱这个人”——你就要挂掉了。从他们将这段感情定义为一段认真的感情那一刻起，他们就觉得他们要对你的感受负责。因为，为了表现爱，他们需要克制自己来为你做事。

这一切的背后都隐藏着这样的话：“在和你的感情关系中我迷失了自我，我无法忍受这一点。看到你的痛苦，我迷失了自我，我需要摆脱这一切。”至少他们对此负责，在更初级的阶段，他们可能把一切都怪罪于你：“你太依赖了。你太贪求关爱了。”这真是一派胡言！他们没有意识到他们自己的内心变化。

马歇尔，扮演伴侣：我很害怕恋爱，因为我刚刚结束一段感情。一看到你有什么需要或痛苦，我就无法告诉你我感受到的痛苦，然后我就开始感觉自己像被关在监狱里一样，觉得窒息，所以，我只想尽快摆脱这段感情。

马歇尔，作为非暴力沟通者：作为一名非暴力沟通者，我必须对此做很多工作，但我认为自己的需要和爱没什么错。如果我觉得这有错，那会给这糟糕的现状雪上加霜。我不需要对此负责，只需要真正倾听你正在说什么。

所以，你就慌了神。你很难在坚守我们这份深情与爱的同时，不将之视为责任、义务和职责，不放弃自己的自由，不觉得自己必须照顾我。

参与者十三，扮演伴侣：正是这样！这简直就像一座监狱，我几乎没法呼吸了。

马歇尔，作为非暴力沟通者：一听到我的痛苦或感受，你就感觉自己的生活仿佛停止了。

参与者十三，扮演伴侣：是！【叹气】

马歇尔，作为非暴力沟通者：很高兴你告诉我这些。如果把我们的关系定义为朋友而不是恋人，会更安全些吗？

参与者十三，扮演伴侣：不……我和朋友之间也这样，我和任何我在乎的人之间都是这样，曾经我和我的狗也是。【笑声】

马歇尔，作为非暴力沟通者：天啊，这可让我进退两难了。我想表达自己在这种感情中的痛苦，但是如果我说出自己的痛苦，又怕你会很抓狂。

参与者十三，扮演伴侣：噢，我会的，我会的。你一表达任何痛苦，我就会觉得是自己做错了什么，因而必须为此做点什么。我这辈子完蛋了，我必须照顾你。

马歇尔，作为非暴力沟通者：然后我对自己说："啊，我得不到任何理解，多么痛苦啊。想要有人理解我的感受和需要——内心所有的想法——我希望这对他人是份礼物，如果别人把我的需要解读成命令，我会感觉很痛苦。我不知道怎么从这个人身上得到我所需要的。让我再试一次，看能否从这个人身上得到理解。"

你愿不愿意努力只倾听我说的一句话，而不要觉得自己对此负有责任？

参与者十三，扮演伴侣：什么意思？

马歇尔，作为非暴力沟通者：我想告诉你我的感受和需要，希望你仅仅去倾听这些感受和需要，没有别的。不要觉得你必须为此做点什么，也不要觉得你做错了什么，只要重复你听到的我所说的话。你愿意这么做吗？

参与者十三，扮演伴侣：我试试吧。

马歇尔，作为非暴力沟通者：我感觉很难过……

参与者十三，扮演伴侣：对不起。【笑声】

马歇尔，作为非暴力沟通者：请别这样。等等，等我把话说完，你重复一遍我的话。我觉得很难过，因为我希望我的感受和需要对你而言是个礼物而非威胁。你能告诉我你听到我说了什么吗？

参与者十三，扮演伴侣：听到我不该反应太强烈。

马歇尔，作为非暴力沟通者：不是，我真的不是在告诉你该做什么、不该做什么。我有某种感受和需要——你只要关注这点就行了。我觉得很难过，因为我希望我的感受和需要对你而言是个礼物而非威胁。你能告诉我你听到我说了什么吗？

参与者十三，扮演伴侣：听到我让你难过了。

马歇尔，作为非暴力沟通者：不是你让我难过，是我的需要让我难过。你能只听到这点吗？

参与者十三，扮演伴侣：再说一遍。

马歇尔，作为非暴力沟通者：我觉得很难过，因为我真的希望自己的感受和需要对你而言是个礼物而非威胁。

参与者十三，扮演伴侣：你感到难过，因为我……

马歇尔，作为非暴力沟通者：不是！

参与者十三，扮演伴侣：因为你？

马歇尔，作为非暴力沟通者：谢谢！

参与者十三，扮演伴侣：因为你希望你的感受和需要对我而言是个礼物而非威胁。

马歇尔，作为非暴力沟通者：很感谢你听到了这话。安心地去吧，我希望有朝一日你能回到我身边来，喜欢我。

· 用非暴力沟通的方式提出具体的请求 ·

参与者十三：但是还有下一句。【笑声】

马歇尔：是什么？

参与者十三：我想说："我感到害怕；我需要感觉到我们仍然是联系在一起的，因为我们曾经是联系在一起的。我们怎么联系在一起的不一定重要，我不需要你作为我的特别伴侣，但我仍然需要感觉到我们彼此感情相连，还是朋友。"

马歇尔：到目前为止你做得都不错，但如果你只是到此为止，那就不是非暴力沟通。你已经说明了你的感受，以及想和她继续保持联系这一未得到满足的需要，但在最后你没有说清楚你想要对方具体怎么做。对于像她这样的人来说，那可是火上浇油。当你对一个没有非暴力沟通之耳的人说"做朋友吧"，又不说明你想要他们怎么做时，他们就会觉得"你想压迫我，想让我成为你的奴隶。"对不懂非暴力沟通的人，你必须给出非常具体的指示。你不能说："我希望你爱我，理解我，我需要你聆听，需要你做我的朋友。"具体说说，你到底想要这个人做些什么来成为你的朋友？

参与者十三："我想每个月至少给你打一次电话，问问你怎么样，也让你知道我的近况。"

马歇尔：你现在需要说的是："我想让你告诉我，你是否愿意我每个月给你打一次电话，问问你的近况。"

马歇尔，扮演伴侣：每次多长时间？

参与者十三：噢，周日，大约半小时。

马歇尔，扮演伴侣：好的。

马歇尔，回到他自己：用非暴力沟通，我们就需要这么具体。

○ 面对性别歧视或种族歧视

参与者十四：【柔声说】我认识一个人，他说，女人一结婚就会变成泼妇。

马歇尔：现在，没有非暴力沟通，我们会立即将之视为性别歧视论。然而，这么想的话，我们就失去了让这个人更加敏感地察觉到我们的需要的力量。一旦我们评判某个人是性别歧视论者或种族主义者——即使我们没把这个评判大声说出来，而只是在脑中这么想了一下——我们就几乎没有力量得到自己需要的了。那接下来你说了什么呢？

参与者十四：我顿住了，因为我很难过，不知道该说什么。我没有告诉他这个评论是性别歧视。在停顿期间，我感到很痛苦，听到男人对女人说这样的话，我连使用非暴力沟通的心情都没了。

马歇尔：那几秒钟的停顿耗尽了你所有的非暴力沟通能量，然后你就允许自己不用非暴力沟通了。

参与者十四：我摇摇头，说："女人本就应该被允许撒泼。"

马歇尔：你是在同意他的话。对非暴力沟通者而言，从来就没有同意或不同意这回事。我提醒你：永远不要猜测别人脑中——那里很丑陋——的想法。【笑声】远离他们的脑袋，让我们走进他们的心。

马歇尔，扮演男人：你们女人结婚后都会变成泼妇，真的是这样吗？

马歇尔，作为非暴力沟通者：【沉默】

马歇尔，回到他自己：这就是停顿。这个非暴力沟通者现在非常生气。就像我之前告诉你的，当非暴力沟通者生气时，他们知道自己没有听到他们需要听到的。所以，这个非暴力沟通者停下来休息，享受了一会儿正在她脑中进行的评判秀。

非暴力沟通者【内心对话】：我真想把他那个性别歧视的脖子给拧下来。我烦透了这些言论，也烦透了自己对自身需要的迟钝。为什么？就因为我是个女人就得总是在工作中忍受这样的对话吗？

非暴力沟通者【说出来的】：你是不是因为婚姻中的事情而感到紧张，想要谈谈？【许多笑声】

参与者十四：其实，当时我真是那么想的，但没有说出来，因为那会儿我们正在一位同事的告别午宴上。

马歇尔，扮演男人：你在说什么呢？我们刚刚只是逗乐呢。你对一切都那么敏感。

马歇尔，作为非暴力沟通者：所以，你刚才只是跟我闹着玩儿，然后还希望我乐在其中？

马歇尔，扮演男人：是啊。

马歇尔，作为非暴力沟通者：好，那我来告诉你我为什么很难做到这一点。我想告诉你，听到那样的评论我有多痛苦。

马歇尔，扮演男人：你不该这么敏感。

马歇尔，作为非暴力沟通者：我希望你能等我把话说完，然后再告诉我我不该做什么。你愿意这么做吗？

马歇尔，扮演男人：小心眼！太小心眼了！【笑声】

马歇尔，作为非暴力沟通者：所以你真的觉得很伤心，你希望我能和你一起开开玩笑？

马歇尔，扮演男人：是啊——你们这些自由主义者还真是很讨厌。

马歇尔，作为非暴力沟通者：所以你就想开开玩笑，逗逗乐，不深究每个词的意思？

马歇尔，扮演男人：是啊。

马歇尔，作为非暴力沟通者：我也希望自己能做到那样，但是我希望你能理解为什么要我做到这点会如此痛苦。我希望你告诉我，你是否愿意听听我内心的想法。

马歇尔，回到他自己：所以现在我教育他了。

○ 骂人：对未被满足的需要的悲剧表达

参与者十五：非暴力沟通者会如何应对激烈的辱骂？

马歇尔：在非暴力沟通中，所有的辱骂都是对未被满足的需要的悲剧表达。当辱骂冲一个非暴力沟通者而来时，他会问自己："什么是他们想要而没有得到的？"可悲的是，除了骂人，骂人者并不知道其他表达需要的方式。

骂人者：你太敏感了！

非暴力沟通者：你想让我别这么理解你，对吗？

骂人者：你是我见过的最自私的人。

非暴力沟通者：你希望我把最后一块蛋糕留给你，是吗？

骂人只是对未被满足的需要的悲剧表达。非暴力沟通者知道没有所谓的正常、反常、对、错、好或坏，知道这些都是训练人们臣服于君王的语言的产物。如果你想训练人们服从更高的权威，顺从地融入等级结构，那么，让他们做好心理准备，知道什么是“对的”、什么是“正常的”、什么是“恰当的”就非常重要，然后让顶层的权威来定义这些标准。如果你想更多地了解这是如何产生的，可以读读我的一个关于社会变迁的小册子。

当人们在这种文化环境中成长，他们就被这个悲剧的把戏给耍了。最痛苦、最有需要时，除了骂人，他们不知道如何表达。

我们想用非暴力沟通来打破这个循环。我们知道，暴力的根源在于人们痛苦时却不知道怎样清晰地表达这种痛苦。安德鲁·施穆克勒有本书叫《走出脆弱》，他在其中写道，暴力——不管是夫妻之间、家长与子女之间，或国家之间的言语上的、心理上的还是身体上的暴力——归根结底都是人们不知道如何与内心沟通。相反，他们所学的语言暗示坏蛋、恶棍的存在，正是这些人造成了这个问题。有个国家，甚至连国家领导都说另外某国是“邪恶的帝国”，然后另外某国的领导就会反驳说“这是帝国主义压迫者”，而没有看到并揭示出对方此言背后的痛苦、恐惧和未得到满足的需要。这是一个非常危险的社会现象。这也是为什么非暴力沟通者只专注于去听辱骂背后的痛苦和需要，而不是听到辱骂并针锋相对地予以回应。

如何表达欣赏?

参与者十六：你能否说一说，为了表达欣赏你所需要的三点是什么?

马歇尔：我们需要三点来表达欣赏——不是夸奖，因为非暴力沟通中没有所谓的夸奖。夸奖是一种典型的评判技巧；管理者喜爱夸奖，因为他们声称研究表明，如果每周至少夸奖下属一次，下属会表现得更好。在员工意识到其中的操控意味之前，夸奖确实会起一阵子作用。在非暴力沟通中，我们给予欣赏，从来都不是为了在别人身上起到什么效果。我们给予欣赏只是为了赞美，让他们知道，我们对他们做的某些事感觉多棒。这三点是：

√ 对方做了哪件让我们欣赏的事情，对此我们心中有数

√ 我们的感受

√ 我们已得到满足的需要

如何练习非暴力沟通?

参与者十七：我希望你也能列出三点来说明怎样才能精通非暴力沟通。

马歇尔：首先，好消息是，非暴力沟通不要求我们完美无缺，不要求我们成为圣人。我们不一定要很有耐心，不一定要有绝对的自尊心，不一定要有自信心。我已经说过，你甚至不必是个正常人。【笑声】

那要怎样做呢？首先，要精神纯粹。我们需要清醒意识到自己想怎样与他人相联系。我们所生活的社会，在其历史和演变中恐怕大多数时候是评判性的。它正向非暴力沟通发展——如果你能像德日进（他是一位古生物学家，其思考都是以万年为单位的）那样思考，就会知道它正非常迅速朝非暴力沟通前进。但它没有像我希望的那样快，所以，我正在尽我所能使其加速。

我正在努力做的主要事情就是修炼自己。全心投入到非暴力沟通中时，我认为自己在帮助整个地球；然后，我的余生精力都将用于努力帮助其他人投入到非暴力沟通中。所以最重要的是精神纯粹——清醒意识到自己想怎样与他人相联系。每天我都要停下来两次、三次或四次——真的停下来，然后提醒自己：我想怎样与世界上的其他人相联系。

我是怎么做的呢？每个人的方法不同。有些人称之为冥想、祈祷、停顿或慢下来——你可以随便称呼它。我自己每天的方式不同，但基本上都是停下来，慢下来，审视脑中闪过的念头。我的脑中闪过评判吗？闪过非暴力沟通吗？我停下来，审视自己脑中的想法，慢下来。我提醒自己——引用来自我最爱的戏剧《一千个小丑》中的一句台词，就是“这微妙而诡异的重要原因使我生而为人，而不是一把椅子”。所以，这就是最重要的一点：精神纯粹。

第二，练习，练习，再练习。每次发现自己评判自己或他人时，我就记下来，记下自己之所以如此是因为什么的刺激。我做了什么？别人说了或做了什么，使我突然允许自己回到评判中去？然后，我会利用这些笔记，在一天中的某个时候，我坐下来看看这份清单，试图给予自己理解，理解自己当时内心的痛苦。我试图不虐待自己，而是倾听内心深处的那些痛苦，正是那些痛苦导致我这样说话。然后我问自己："在那种情况下，我本该如何运用非暴力沟通？对方可能会有什么感受和需要？"

非暴力沟通者喜欢把事情搞得一团糟，因为他们不追求完美。我们知道苛求完美的危险，所以，我们仅仅是努力渐渐变得不那么愚蠢。【笑声】当你的目标是渐渐变得不那么愚蠢时，每次你把事情搞砸就成了庆祝的理由，因为这给了你去学习如何不那么愚蠢的机会。所以，练习，再练习，不断练习怎样才能不那么愚蠢。

第三，成为非暴力沟通支持团体中的一员真的很有帮助。我们生活在一个爱评判的世界里，在我们身边创造一个非暴力沟通的小世界大有裨益，我们可以从这儿开始建设一个更好的世界——非暴力沟通大世界。这就是为什么我很感激世界各地有这么多的非暴力沟通小组。

□ 非暴力沟通与爱的关系

这也许会有助于你理解非暴力沟通的起源。非暴力沟通源于我试图理解爱的概念，以及如何表现爱，怎样践行爱。得出的结论是，爱不仅仅是我们所感受到的，更是我们所表现出来的，是我们所做的和所拥有的事物。同时，爱也是我们所给予的东西。我们用特定的方式奉献自己。当你在任何时候都能不带其他任何目的，真实坦诚地展现自己，袒露内心的想法时，这便是一份礼物。不去责备、批评或惩罚——只是“我在这里，这是我想要的。这是我此刻的脆弱”。对我来说，这种给予就是爱的体现。

奉献自己的另一种形式是倾听他人。带着同理心倾听，与他人心中所想沟通，不做评判，这便是一份礼物。努力去倾听他人的想法和想要的也是一份礼物。因此，非暴力沟通是我所理解的爱的体现。在这个意义上，它类似犹太教和基督教共有的理念：“爱邻如己”和“勿论他人，以免遭人议”。

当我们能与他人以这种方式沟通时，会有奇效。这种美丽和力量将我们与一种能量连接起来，我把这种能量称作爱的神圣能量——上帝众多名字中的一个。所以，非暴力沟通是在帮助我与内心那股美丽的神圣能量保持相连，并与他人心中的这股能量相连。这是我所经历的最接近爱的事情。

□ 小结：用非暴力沟通的语言来表达自己

在亲密关系中，我们想做我们自己，但是，我们想通过一种尊重他人的方式来实现，即使他人没有特别尊重我们。我们想和他们建立联系，但又不想陷入他们的行事方式中。那么，我们如何才能做到这样呢？我建议通过非常坚定自信地表达自己来做到这两点。非暴力沟通是种非常坚定自信的语言。我们可以大声、清楚地说出自己的感受、需要，以及想要别人怎样。我们固然坚定自信，但是，有两件事不能做，因为这两件事会把自信变成暴力。在非暴力沟通中，我们肯定自己，但不批评他人。在非暴力沟通语言中，我们绝不说任何暗示对方有错的话。“错”，我指的是类似各种不同的表达——不合时宜、自私自利、感觉迟钝——实际上，包括任何将对方进行区分或分类的词。

因此，在非暴力沟通中，我们要学习怎样坚定自信地说出内心的想法。而且，在用非暴力沟通语言坚定自信地告诉别人我们希望他们怎么做时，我们还有美妙绝伦的艺术。不过，我们是以请求而非命令的方式将之呈现给对方的。因为，一旦人们从我们口中听到的话像批评或命令，或者感觉我们没有像重视自己的需要那样重视他们的需要——当他人觉得我们只是为了按我们的意愿行事时——我们就输了，因为接下来他们就不会有那么多精力来真诚地考虑我们的需要，他们的大部分精力都会放到防御或抵抗上。

我们希望在使用非暴力沟通语言时表现出非常坚定的态度——在说的过程中，向他人传达我们的坚定自信，将之当作一份礼物，坦陈我们内心的想法，清楚地说明我们想要他们怎么做。

我想说，人类最基本的需要，对每个人来说最美妙的感觉就是，当我们看到自己拥有使人生更丰盈的能力时感受到的那种喜悦。如果人们的付出是出于自愿，我还从未遇见过不喜欢为他人付出的人。我相信，一旦人们相信我并不是要强迫他们做什么事，他们就会愿意为他人付出。我们可以让非暴力沟通之舞永不停歇，在这支舞中我们都继续分享彼此的感受和需要。我非常希望这是正在发生的事。在我自己的亲密关系中，这个美妙的哲理得到了足够的验证。

非暴力沟通实践篇
Living Nonviolent Communication

第三章
放下各自的伤痛

如何修复人与人之间的关系？

以下内容摘自我2002年10月4日的工作坊记录。“放下伤痛”为我们提供技巧来专注于修复人与人之间的关系，以便我们运用非暴力沟通方法来理解彼此、化解冲突、治愈旧日伤痛，以及发展令人满意的关系。

在本章，你将找到治愈或调解矛盾关系的方法——不管是在工作、家庭中，还是在学校或社区里。你还将获得一种理解的能量感：达成治愈必不可少的善心和诚挚的“在场”。非暴力沟通技巧将使你能够保持长久的和平，甚至从一开始就防止麻烦的出现。加入这场对话吧，享受我们诚心地倾听和表达时理解所带来的魔力。

这次培训，开场是一名观众提出一个情境，我参与其中进行角色扮演。

□ 如何放下对他人的怨恨？

马歇尔：关于治愈与和解，我跟你们分享些什么可能会满足你们的需要呢？你们想听我谈些什么？或许，你们有些痛苦是故人往事遗留下来的，希望我们“现场”进行处理，而不仅仅是谈论一下？

参与者十八：我想知道如何放下或释放出我对某人的很多怨恨。

马歇尔：我使用非暴力沟通方法，扮演你怨恨的那个人，怎么样？我扮演那个人，但是我将作为一个非暴力沟通者来和你说话，你所需要做的只是说出你想说的话。好了，明白这个游戏了吗？现在我将扮演谁呢？

参与者十八：我哥哥。

马歇尔，扮演哥哥：妹妹，你想治愈我们之间的怨恨，这让我很受触动，你展现出的勇气也让我很感动。如果你愿意分享此刻你心中关于我们之间关系的想法，这对我来说将是一份大礼。直说你的想法吧，想怎么说都行。

参与者十八：我对你有一个道德伦理上的问题。当我们的父母身体渐衰时，你对我不诚实，或者说，不可信。我向你求助，试图解决这个问题，你却很不情愿。你只想将过去抛诸身后，你一直都是这么做的，在我们整个生活中都是这样的。你说这是我的问题，你不想管。不管什么让我难过的事情，似乎都无关紧要。

马歇尔，扮演哥哥：你一下子对我说了这么多，各种感受。让我确认一下，以确保我完全理解了你的意思。我听到你很愤怒，这些愤怒与我们的父母身体走下坡路时，你可能需要更多的支持有关。我理解得没错吧？

参与者十八：没错。

马歇尔，扮演哥哥：所以，这是真的，你现在想得到理解，希望有人理解你经历这一切多么不容易，你是多么需要支持。可是，你不仅没有得到想要的支持，我还听到你说，自从那时起我做过的与家事有关的一些事，还给你带来了很多痛苦——你真的希望我们当初不是那么做的。

参与者十八：是的。

马歇尔，扮演哥哥：是啊，特别是你经历了不止一次，自己的需要没有得到自己想要的关心。对你的话，我的理解准确吗？

参与者十八：嗯。

马歇尔，扮演哥哥：我戴着理解的耳朵，你喜欢吗？

参与者十八：喜欢！你会做我哥哥吗？

马歇尔，扮演哥哥：那么，我仍然戴着这些耳朵听听你心里的其他感受和想法，那些依然活跃于你心中的感受和想法。

参与者十八：你说你想让我们重归于好，但我就是做不到。家庭矛盾还没有解决，我再也不想那样生活了。

马歇尔，扮演哥哥：嗯，我听出了你的需要，就是保护你自己，不再为过去痛苦。当时你求助于我，试图解决问题，却没能成功，现在你受够了这一切。你的一部分好像想听到我的回应，但如果这意味着你又要经历一遍过去的痛苦，你就不想了。

参与者十八：没错。但我现在仍然左右为难，因为我觉得两个选择都行不通。回去对我没好处，但一直在外似乎也不正常。

马歇尔，扮演哥哥：那么你是真的很苦恼。你有两个需要：一个是我们之间的关系得到和解和治愈；另一个是保护你自己。你不知道怎么满足这两个需要。

参与者十八：没错。

马歇尔，扮演哥哥：这个矛盾真是让人非常痛苦。

参与者十八：是。

马歇尔，扮演哥哥：妹妹，在我回应你的话前，你还有什么想说给我听的吗？

参与者十八：没有了。

马歇尔，扮演哥哥：戴着这些理解的耳朵，听到你所说的，我感到深深的悲伤，因为我发现，我在我们之间做的一些事并没有满足我自己的需要：以我想要的方式照顾你，为你的幸福做贡献。当我看到自己所做的适得其反，给你带来了这么多痛苦时，我深感悲伤，现在我很脆弱。我想知道，我告诉你我的这些悲伤时，你有什么感受？

参与者十八：你也许像我一样左右为难吧，不知道怎么才能在不让你自己感到很不舒服的前提下满足我的需要。

马歇尔，扮演哥哥：我想谢谢你预想到这些。现在，我真正希望你做的，就是听到我对此感到多伤心，因为我没有如愿以偿，去满足自己为你的幸福做贡献的需要。

参与者十八：谢谢。

马歇尔，扮演哥哥：现在，我想做的是，告诉你我在我们之间做那些事时内心的想法。还有——我猜你已经有些预料到这点了——我想尽力把这点说清楚。第一，关于爸妈身体不好时你压力很大，你努力处理这些压力而我没有提供更多的支持这件事。我的内心告诉我，我的确应该去帮你，而如果不给予你更多支持，那我就是个卑鄙小人。之后我感到太内疚了，没能用理解的耳朵去倾听你的痛苦和需要。你的请求在我听来太像命令了，我深感苦恼，因为我想帮你，但一听到命令我就来气。我很内疚，就是不知道怎么处理内心的那些感受，只好逃避整件事。我想知道，听我说了这些，你有什么感受。

参与者十八：听起来有些道理……澄清了一些事情。

马歇尔，扮演哥哥：所以，就像你在与我的关系中感到有些难过一样，我也有些难过，不知道该怎么跟你说过去那些事。多希望我早就知道该怎么谈论那件事，但是，心里难过而又不知如何表达而导致的伤心难过变成了时不时撒向你的怒气。我真希望自己不是以那样的方式来表达伤心难过的。那，听我说了这些，你有什么感受？

参与者十八：很高兴听到这些。

马歇尔，扮演哥哥：还有什么你想让我听的，或者你想说的，或者你想听我说的吗？

参与者十八：我想，我想知道如何通过一种让彼此都觉得舒服的方式来解决这个问题。然后，我们就可以继续向前。现在这团乱麻必须清理。不管你说什么来开始我们之间的对话，我都乐意听。

马歇尔，扮演哥哥：我有个想法：让录制这期工作坊的工作人员给我寄一份录音，以此作为开始。然后，也许打电话问我是否愿意继续这样的对话，也许适当借助第三方的帮助。你觉得这个法子怎么样？

参与者十八：我觉得这个主意很不错。

马歇尔，扮演哥哥：好，那就这么办。

参与者十八：谢谢。

○ 自己一个人也能做到非暴力沟通

马歇尔：大家对那种情况有什么想法吗？有什么疑问吗？

参与者十九：如果碰到寄不了录音的情况，你有什么建议？

马歇尔：我想，我们对参与者十八的伤痛进行了处理，完成了她想要治愈的一部分。现在，她希望深化这种关系，这就表明她不一定要让她哥哥来现场完成治愈。当然，如果能深化同他的关系，和他走得更远，那是好事，不过，她自己的治愈并不需要依赖于他能到现场。我们不需要靠其他人来达成治愈——特别是如果那个人已不在人世或无法接触到。幸运的是，我们可以在对方不参与的情况下痊愈。

参与者十九：如果我跟一个人产生矛盾，无法独自治愈自己，这时，有一个能够与我进行非暴力沟通的人，就像你现在做的这样——一个能够倾听我的问题，带着同理心倾听的人，对我来说似乎很重要。所以，我的问题是，如果我没有那样的朋友，你有办法能让我自己做到这一切吗？

马歇尔：我认为你可以和自己这么做。当然，在之前的案例中，我们所希望的最好情况是，那位兄长在场。那样会有更强大的效果。他可以自己演自己，不过，没有他我们也能进行。

我说明一下我们这样做时遵循的一个重要原则：注意，在角色扮演中我们很少谈及过去，这点非常重要。妹妹简要地提及我，也就是她哥哥曾做了什么，但是我们不深入细节。我在过去这些年的发现是，我们越多地谈及过去，就越不能得到治愈。大多数角色扮演的对话都是关于我们当下的感受和想法。我们谈论现在——过去发生的事给她现在带来的感受。

大部分人认为要获得治愈就必须理解过去，必须重述过去来获得理解。他们将智力上的理解与同理心混淆了。同理心是治愈的源泉，重述故事确实能让人理解为什么这个人做了这件事，但那不是同理心，起不到任何治愈作用。实际上，重述故事会加重痛苦，就好像是将痛苦重新经历了一遍。

所以，我们虽然没有否认过去，也的确提到那个哥哥曾做了什么，但并不深入细节。比如说，我们没有说“我不得不带妈妈去了每一个商店，还不止这些，而且，当爸爸生病时，你知道的，等等”。她对此说得越多，由此产生的治愈就越少，尤其是当你和导致你痛苦的人谈论过去时。他们不会明白你的目的是希望有人理解你的痛苦，而是会认为你就是想兴风作浪，让他们都不得好过。

参与者十九：我有种感觉，那个哥哥有些事没告诉她。如果是他对她有意见呢？

马歇尔：我扮演的那个哥哥最后说：“我感到有点伤心，但不知道该怎么说给你听。”我需要做的只是这些。我说，对于过去，我仍然感到伤心，需要得到理解。不过，那种理解并不意味着我得说出那些事，得进一步谈论过去，而只是意味着我从她那儿得到了反馈。我从她的眼睛里知道她听到了我的话。

□ 同理连接

马歇尔：因此，不论我们是想治愈自己还是帮助别人治愈，首先要记住的是，将重点放在此刻的内心想法上，而不是过去发生的事情上。如果是对过去进行讨论，寥寥数字足矣："你离家出走时"，"你打我时"，等等。治愈的第一阶段需要理解此刻内心对往事的感受和想法。扮演那个哥哥时，我带着同理心与她现在的想法建立联系。这么做有一些要求。

同理连接的第一步是在场——马丁·布伯声称这是一个人可以给予另一人最珍贵的礼物。在哥哥的角色中，我全心关注她当时的想法，没有去想自己将要说什么或过去发生了什么事。

给予他人这样的礼物实属不易，因为这意味着我不能从过去带来任何东西，甚至过去我对此人的判断也会妨碍理解。这就是为什么说我在心理分析上的临床训练是个缺陷。这些训练教我怎么坐，怎么理解患者的话，怎么知性地阐释它，而不是教我如何全心关注这个人，而这才是治愈的真正来源。让自己完全在场，我得扔掉我所有的临床训练、诊断，以及先前关于人类和人类发展的所有知识。那些都只给了我理性的理解，而这种理解将同理心给屏蔽了。

关于同理心给我的感觉，我所能做的最好描述是：同理心就像驾驭冲浪板一样。你试图随着波浪的能量而行，试图倾听现在的想法。我试图配合那个人的生命节奏，有时，只是看看地面就比我注视着那个人却心不在焉的时候感受到的还要多。

参与者十九：可是，我陷入同理心之中了。

○ 同理心VS同情

马歇尔：同情，同理心——让我们区分清楚两者。如果我内心有着强烈的感受，而我只意识到这些，那这就是同情，而不是同理心。所以，如果我是那个哥哥，说“天啊，你那么说我感到很伤心”，那这就是同情而非同理心。记得当你的身体某处疼痛，也许是头疼或牙疼，然后你拿到了一本好书的时候吗？那处疼痛怎么样了？你不再注意到它了。疼痛仍然是在的——我指的是身体状况并没有改变——但你的注意力不在那儿了。你出门神游去了。这就是同理心。你在书中神游。

通过同理心，我们和对方的感受在一起，但并不是说我们感受到他们的感受，而只是当他们有那些感受时，我们与他们在一起。现在，如果我把自己的注意力从他们那儿移开一会儿，我也许会注意到自己也有着强烈的感受。如果是这样，我并不试图压抑自己的感受。我的感受告诉我：我并没和对方在一起，我的注意力又回到自己身上了。所以我对自己说：“回到他们那里去。”

然而，如果我的痛苦太大了，无法用同理心来体会他人的感受，那么我可能会说："听到你说的一些事，我感到太痛苦了，听不下去了。能否给我几分钟调整一下，然后再回来听你说？"

不要将同理心和同情混淆，这点很重要。因为，如果当某个人正处于痛苦中，而我说"哦，我理解你的感受，对此我觉得很难过"，那我就将注意力从他们身上移开，将他们的注意力转到我身上了。

有时我会用一个短语，这是很多人对于非暴力沟通最讨厌的一点——我说共鸣需要"学会享受另一个人的痛苦"。现在，为什么我要用这么变态的一个短语呢？有一次，我去圣地亚哥时，一个朋友给我打电话说："过来和我的痛苦玩玩。"她知道我懂她的意思。她得了一种非常痛苦的疾病，快要死了。她常告诉我，其实让情况更糟糕的是她得处理其他人对她的痛苦的反应。他们的反应是出于好心和同情，但却给她带来了一个大问题，以至于她宁可独自与痛苦待着，也不想去安抚周围的人。所以她说："这就是为什么我喜欢打电话给你，马歇尔，因为你如此铁石心肠。你是个悲催的浑蛋，我可以跟你说话，因为你只会关心你自己，对其他任何人都毫不在乎。"

她知道我能理解"惯用的非暴力沟通语言"。她知道我认为这是种乐趣，因为，不管其他人正在经历痛苦还是喜悦，当我们以某种方式与他们在一起时，这就很难得。当然，我更希望他们经历的是喜悦。不过，仅仅只是在那儿陪伴他们，倾听他们的任何想法，也很宝贵。我朋友说的"和我的痛苦玩玩"就是这个意思。

○ 面对他人的强烈情绪，保持镇定

参与者十九：你怎么在所有那些感受的浪潮中做到镇定自若，不被它们卷走？

马歇尔：我一直不知道怎么才能做到那样。我曾给一位想从我这儿得到一些治愈的阿尔及利亚女士做过治愈工作。她被极端主义者拖出去，被迫看着自己最好的朋友被绑在车上拖死。然后他们将她带进屋内，当着她父母的面强奸了她。他们还计划第二天晚上去杀她，但是她找到电话打给了我在日内瓦的朋友，他们在半夜将她救了出来。

那时我住在瑞士，接到了朋友的电话，他们问："马歇尔，你能给这个女人做治愈工作吗？"他们告诉了我所发生的事情。

我说："我白天有培训课程，今天晚上带她过来吧。"

他们说："马歇尔，有个问题。我们告诉了她你怎样做治愈工作，说你会扮演伤害她的那个人，她说恐怕她会杀了你。"

我说："你解释了这是角色扮演吗——不是真的是那个人？"他们说："她懂。但是她说：'即使我想象有人扮演那个人，我也会杀了他。我知道我会的。'马歇尔，你要知道，她的块头还挺大的。"

我谢过他们的警告，然后说："这样吧，我需要房间里有一名口译员。有第三个人在场也许能让她感觉安全些。我在卢旺达培训时认识一个人，我想，他在经历了他所遭受的那一切后，不会被这些吓到。问问她，如果有个来自卢旺达的人在场帮我，她会不会感觉安全些。"

这就是让她过来需要考虑的情况。

下面我来回答你的问题。我开始倾听这个女人的伤痛，她所遭受的巨大痛苦，中间有两次我打断她："时间到了，暂停一下，我需要一点时间缓一缓。"我不得不走到大厅，费了好一番功夫去调整自己的情绪，才能够再走回去面对她。我没法只是"回到"她跟前，那时我唯一想做的事就是找到那些浑蛋，给他们一点"底特律治疗法"（暴揍他们一顿）。我不得不自我调整了二十分钟，然后才回到她那里去。

我在这里说的就是，有时我的痛苦太大了，让我无法像自己希望的那样镇定自若。但是我没觉得这是个大问题，通常对方都能理解。

参与者十九：你不觉得和对方分担痛苦有时会有所帮助吗？

马歇尔：我经常这么觉得。我对对方说："我非常痛苦，现在无法继续听你说话。你想知道我的痛苦是什么吗？抑或你自己也沉浸在巨大的痛苦中吗？"我想说，大概有一半时候，对方都想听听我的痛苦是什么，而且他们也能够做到倾听。那么，这就是另外一个选择。然而，在这个案例中，她一直在痛哭、尖叫，我没有乐观地认为她需要应付我的感受。

○ 换位思考的步骤

马歇尔：回到换位思考的步骤上来。首先，换位思考需要在场——关注对方当时的想法，他的感受和需要。第二，需要检查，确保你理解那个人的感受和需要。到目前为止，我们提到的两个步骤都可以沉默地进行——通过全心关注对方的感受和需要。

我们也可以口头上检查我们的理解——大声思考我们所体会到的感受和需要是什么。记住，我们的目的是创造同理心的理解，这与机械的技巧练习相反，大声检查的最主要原因是为了确定我们理解了他人。我们不希望他们觉得我们在他们身上使用了什么诡计，所以，我们用这种方式进行检查：让他人知道我们只是不确定自己是否完全明白了他们的想法，想向他们核实他们所说的话的真实含意。

另一种需要检查的情况是——即使我们非常确信自己听懂了他们的话——我们感知到他们在陈述自己做过什么的过程中变得脆弱时。我们可以猜想，要是自己处在那个位置，也会很感激他人的认可，知道对方是理解自己的。这是仅有的两种需要我们将同理心大声表达出来而非沉默进行的情况。

最近我在丹麦帮助一位痛苦万分的女士。至少有二十分钟，她非常优雅地表达着她的痛苦，但表达得很露骨。我很容易就听到她内心的想法，但觉得不需要大声说出来；于是，整整二十分钟，我沉默地坐在那里。二十分钟后，她跳起来拥抱我，说："谢谢你的所有理解，马歇尔。"我一个字也没说，只是一直在那儿陪着她。即使我一句话也没说，她也感受到了那种同理心的理解。

参与者十九：那么，通过换位思考，你就没了自己，心里装满了对方。

马歇尔：通过换位思考，我完全和他们在一起，而不是心里装满了他们——那是同情。

换位思考的第三步是陪着他们，直到他们向你暗示他们讲完了。注意，通常人们给我们的头一两条信息都只是冰山一角，我们还没触到底部。利用换位思考，有很多征兆可以帮助我们判断人们是否说完了。一个征兆就是你能在他们身上感觉到的宽慰：换位思考感觉太棒了。所以，如果他们得到了需要的理解，你能感觉到这种解脱感，你会在自己的身体上感觉到，和你共处一室的人也都会感觉到。另一个征兆是他们停止说话。

直到人们感到这种解脱，第四步才开始。在换位思考的过程中，如果每次我明白了什么，而他们转回来说"是的……"这就是个信号，告诉我们他们需要更多的理解。但如果我在紧张之中感到这种解脱，看到他们停止说话，事实很有可能是他们已经得到他们需要的理解。但我总是喜欢再三检查，问他们："你还有什么要说的吗？"我学会非常缓慢地将自己的注意力从他们身上转到我自己身上，所以再检查一次也无妨。

如果对方知道说一句"我说完了"，那就很好了，但是大多数人都不知道这么说。而且，大多数时候，甚至在得到理解之后，他们还想要一些别的东西。于是，我们的第五步，就是理解他们的"后同理心的理解"或他们想要的额外的东西。这个请求可能是关于听了他们的话后我们感受如何的信息，特别是当他们非常脆弱的时候。

想知道你所给予的对别人有什么影响是很自然的，只是大多数人仍然不知道怎么开口提这个请求。所以，在理解之后，如果看到他们看着我，我通常会问：“你想听听我对你说的这些有什么感受吗？”他们有时愿意，有时不愿意。

除了想知道给予理解的人的感受，有时候后同理心的理解请求是一些关于更好满足他们需要的建议。然而，当涉及到你的孩子时，千万不要给建议，除非你收到律师签名的书面请求。再三核实你的孩子是否真的需要建议，因为跳过理解直接给建议几乎总是我的第一反应。

□ 治愈的四个阶段

○ 治愈的第一阶段：同理连接

我们是这样开始的，我扮演另一个人，也就是那个哥哥的角色，对妹妹的痛苦给予理解。和她在一起，我感知到她想得到证实，大多数时候我都以大声说出来的方式跟她证实。我试图全心专注于她的感受和需要。但是注意，我是通过扮演她哥哥的角色来做这一切的。为什么我不以我自己的身份，以马歇尔的身份这么做呢？我认为，任何给予她理解的人都能帮助治愈她。然而，多年来，我发现，理解越贴近真实情境，功效就越大。在这个案例中，如果这个哥哥在场，我会想帮助他直接给予妹妹理解。但因为她哥哥没在，所以我就扮演了哥哥的角色。

总而言之，治愈过程的第一阶段是给予对方他们所需的理解。有三个方法来给予理解：你可以作为第三方给予；可以扮演涉及到的另外一人；也可以让那个人到场亲自去给予。

○ 治愈的第二阶段：以非暴力沟通的方式表达悲伤

治愈过程的整体第二步是表达悲伤。扮演哥哥的我在给予理解后表达悲伤，我是这么说的："妹妹，看到自己所做的给你带来了痛苦，我感到很难过。我没有满足自己的需要，没有以我真正想要的方式照顾你、支持你。"

此处最主要的是，我们要看到表达悲伤和道歉的区别。我认为道歉是一种非常暴力的行为，对收到抱歉的人和表示抱歉的人来说都很暴力。更可悲的是，收到抱歉的人通常都很喜欢抱歉——他们沉迷于这种文化中：他们想要道歉的那个人不好过，想看到道歉的人充满自我厌恶。我发现的真相是，经历过真切伤痛的人永远不会道歉，也不想得到道歉。让我们更进一步看看表达悲伤和道歉的区别。

道歉基于道德评判，是我做错了，应该为此遭受痛苦——我甚至应该为自己的所作所为而厌恶自己。这与表达悲伤有着本质的不同，表达悲伤不是基于道德评判，而是基于为生命服务的评判。我满足了自己的需要吗？没有。那么，我没满足的需要是什么？

了解到我们未被满足的需要时，我们从不会觉得丢脸、内疚，也不会对自己感到愤怒，或是认为自己所做的是错的而感到沮丧。我们感到悲伤，深深的悲伤，有时是挫败感，但绝不是沮丧、内疚、愤怒或羞耻。这四种感受告诉我们，有这些感受说明我们是在进行道德评判。愤怒、沮丧、内疚和羞耻是基于暴力的思维的产物。我很高兴拥有这些感受，因为，如果我发现自己正在以我认为助长了暴力的方式思考，我就想尽快转变这种思维。在第二步中，我会表达悲伤，但不道歉，只是表达悲伤。

· 走出困境 ·

参与者十八：在工作中，你遇到过沉浸在悲痛中无法自拔的人吗？

马歇尔：没有，通常将我们困住的是因循守旧的道德观念和道德评判。我喜欢人类学家厄尼斯特·贝克在《精神病学的革命》一书中对此的表达，他同意精神病学家托马斯·卡萨斯的观点，“精神疾病”是一个悲剧的隐喻。相反，他则展示了另一种看待这个现象的方式。

贝克对抑郁的定义提到你关于被困住而无法走出来的念头：“抑郁源于认知受限的选择。”这表明我们的思维阻碍了我们对自己需要的意识，进而阻碍我们采取行动来满足自己的需要。

让我们举个陷入悲伤难以自拔的例子。这个悲伤的人仔细想了想：“我真是个差劲的家长。如果我不那么对待孩子，他就不会离家出走，就不会被火车轧死，也就不会离开我。我本应该想到这点的啊。我怎么了？我真是个糟糕的家长。”你明白的，这种想法可以延续数年，而这个人永远无法从中走出来。但那不是悲伤，而只是困在道德观念之中，困在所有这些“本应该”中，走不出来。“我这人真糟糕”是一种静态的思维，这就是困住我们的东西。

参与者十八：你能重复一下那句引言并稍加解释吗？

马歇尔：“抑郁源于认知受限的选择。”用我的话来说就是，我们的思维让我们意识不到自己的需要，进而阻碍我们采取行动来满足自己的需要。我们被困在自己的思维中。

我再举一个例子。我帮助过一些非常抑郁的人，他们被贴上了“两极化”、“抑郁的反应”之类的标签。他们坐在那里，十分抑郁，想着：“啊，我不想活了。”如果我用非暴力沟通的同理心语言来问他们：“你们能告诉我你们有什么需要没有得到满足吗？”我得到的回答将是：“我是个糟糕的失败者。”我询问他们的需要，他们却告诉我他们是怎样的人：“我是个糟糕的朋友。”

把自己和别人相比，也会被困住：“我妹妹比我小2岁，都已经是公司的主管了。看看我，还只是个监管助理。”我在比较中被困住了。如果你要拿自己和他人相比，那就必须读一读丹·格林伯格的《让自己过上悲惨生活》这本书。有一章教你，如果不知道怎么才能抑郁，那就将自己跟别人比比。如果你不知道怎么做，他有一些练习。一个练习是，展示一张当代标准下俊男美女的图片，将他们的尺寸标在图片上。格林伯格的练习是这样的：量量你自己的尺寸，然后和他们的相比，想想这差距。即使你开始还很高兴，我敢保证，做完这个练习后你就郁闷了。而格林伯格没有就此打住，你觉得自己已经够郁闷了，翻过一页，看到他接着说：

好了，这只是热身而已，因为我们都知道外在美很肤浅，并不重要。现在，就让我们在那些我们都认为重要的方面和其他人比一比。比如说，拿你现今取得的成就和我从电话簿里随机挑出的人的成就相比。我采访了这些人，问他们取得了什么成就，现在你可以自己比一比了。

他从电话本里抽出的第一个人是莫扎特。我虽然对历史了解不多，但还是觉得莫扎特没有电话，所以，在这里我不完全相信格林伯格。但不管怎样，他说，这个男人，莫扎特，写出了许多传世的伟大音乐，等等。

参与者十八：他5岁的时候就开始了。

马歇尔：5岁的时候就开始了！将你现在取得的成就和莫扎特5岁时就取得的比比。你会发现，拿自己与他人比较对你毫无益处。这可以无限进行下去，你永远无法将之摆脱。这种思维方式在学校里被传授，并得到了抗抑郁药制造商的支持。你越是这么想，他们的生意就越好。

○ 治愈的第三阶段：表达过去的需要

让我们简要回顾一下我们已经进行的阶段。第一步，我扮演哥哥，妹妹从我这儿得到了理解。第二步，我，也就是那个哥哥，表达悲伤——不是道歉，是表达悲伤——而这要求我清楚自己没有得到满足的需要是什么。同时，我也表达了伴随这些未被满足的需要而来的感受。在治愈过程的第三阶段，哥哥向妹妹坦承他当时那么做心里是怎么想的。所以，在扮演哥哥这个角色时，我对她说："我真的很想告诉你那时我那么做时的内心感受和想法。脑海里有个声音告诉我应该帮助你。妹妹，希望你理解这一点，我不是说你亲口对我说了这些话，而是我在自己内心听到，它们就像命令一样，所以我的内心无比纠结。我想帮你，但同时，满心满耳的"你应该"之声让我感觉自己对自主权的需要受到了威胁。

○ 治愈的第四阶段：反转理解

在第四阶段，我们反转理解。在治愈过程的最后一个阶段——让引起他人痛苦的那个人获得理解——很重要的一点是，要在遭受痛苦的人已经准备好给予理解的情况下进行这一步。经历过巨大痛苦的人几乎总是告诉我说，有人告诉他们："你应该理解对方。如果你理解了，就会感觉好多了。"当我们能理解严厉批评过我们、或做过伤害我们的事的人的内心感受和想法时，我相信治愈会很深刻。但如果在受害者还没有得到所需的足够的理解时就让他们这么做，则是对他们施加进一步的暴力。

作为进一步分析的案例，让我们回到之前提到过的阿尔及利亚女人一例中，回到我要扮演对方的那部分。我扮演对方，表达我这样残忍地侵害她时自己内心的感受和想法。有两次她对着我大喊："你怎么下得了手？！""为什么？"她这么问，因为人们总是渴求理解。

但是，每次她这么问时，我都能看出她仍然沉浸在巨大的痛苦中，无法给我理解。

就像我说过的，我花了很多时间才进行到治愈的最后两个阶段。我想确定他人已经得到了他们所需要的理解，因此我会说："我会告诉你为什么，但是首先，我想确定你已经得到了你需要的所有理解。"一旦进行到这一步，那个女人，或任何人，通常都会迫切希望理解我，也就是理解伤害他们的人。

灵活过程VS固定程式

参与者十九：有一次，我与另外一个同样练习非暴力沟通的人尝试以这种方式进行沟通。让我非常难过的是，当我尝试同理心的理解时，同样也在练习同理心的理解的那个人说"喂，你没有表达出你的感受"，或"你没有……"也许练习刚开始时是需要一些固定程式的，但是，这个技巧就不能更自然一些吗？我想能随心所欲跳过某个步骤，比如你说的在同理心的理解之后表达悲伤。如果我不善变通78，就会认为每件事都需要完全照章来做。然后，如果我感觉自己并不想表达悲伤，就会对自己说谎，这与你建议我们要做的恰恰相反。我确实需要提醒自己这个技巧大有裨益，但如果我不能真实面对自己此时此刻的感受，它对我就不起作用。

马歇尔：我非常喜欢你的这番话。瑞士苏黎世的一位女士也这么想，尽管她的表述和你的略有不同。她来到某一次的工作坊，看我帮助一对夫妻，她看到当他们终于结束长期的矛盾和冲突，而与彼此的心意相通时的样子。她发现，仅仅是看到他们精神焕发的样子就觉得很美，这次他们不再视对方为敌，而是真正倾听彼此。那个矛盾曾让两人痛苦不堪，持续了大概15年。一年后，瑞士的那位女士回来对我说："你知道的，马歇尔，自从那年我参加你的工作坊后，每当处境艰难时，我就想起那对夫妻彼此情投意合时脸上的表情。"她接着说："然后我意识到，即使我用刻薄的或伤人的方式说话，它仍然是非暴力沟通。"你看，她和你的看法差不多。固定程式只有在支持我们以某种方式相联系时才有用。如果拘泥于固定程式，让它们成为唯一的目的，那我们就已经失去了过程本身。

现在，这是我们的训练中最难的一件事，因为人们说，他们之所以喜欢我们的培训，原因之一就是它真的帮助他们用具体的方式证明了他们一直以来所相信的东西。因此，他们喜欢这个事实：非暴力沟通是一种具体的呈现方式。然而，当人们为了追求正确而规行矩步时，非暴力沟通的具体性也就成了它的缺点。

□ 让生活从容起来

参与者十八：我一生都在努力与让自己的身体、感情慢下来这件事做斗争，这样我就可以更多地关注自己，关注他人，关注生活。我看到你经常旅行，我想知道你是否一直都这么从容，想学习一下你是怎么让自己慢下来的，我想这会对我很有启发和帮助。

马歇尔：我想这和参与者十九所说的有关。在现今激烈竞争的生活中，对我来说，知道如何选择利用“慢慢来”这个三字短语很重要。最近我对自己说这个三字短语的次数，可能比过去40年来我所用过的任何三字短语的次数都要多。这三个字给了你一种力量，这力量来自你自主选择的灵性，而不是规定好的。

在我的冥想素材中，有一张很让人震撼的照片帮助我牢记这一点。我有一位以色列朋友，他积极地组织巴勒斯坦人和以色列人聚到一起，而这些人都在在斗争中丧子、并且想从悲痛中有所创造。其中一个办法是为被杀死的儿子写一本书，他因此而将悲痛的能量转了个方向。他送给我一本书，虽然书是用希伯来语写的，我读不了，但我很高兴他送给我这本书，因为我翻开书，看到扉页就是他儿子在黎巴嫩冲突中遇害前的最后一张照片。那孩子的T恤上写着：慢慢来。我问我的朋友，那位父亲兼作者，是否可以给我一张尺寸更大一点的照片，好让我铭记这句话。我告诉他为什么这三个字对我来说如此重要。他说：“马歇尔，那么让我也告诉你一些事，这也许会使这三个字更有分量。我去我儿子的指挥官那儿问：‘你为什么派他去？难道你看不出来你派出的每一个人都是去送死吗？’他说：‘我们太着急了。’这就是为什么我将那张照片放在书中的原因。”

能够放缓脚步，慢下来，来自自己选择的能量，对我来说至关重要。我相信这样的能量是我们有意选择如此，而不是被规定如此的。

我的以色列朋友还说："马歇尔，我要送你一首以色列诗人写的诗。这个诗人看到照片后和你一样，深受触动。"诗的开篇就是："慢慢来，你知道这是你的。"我必须努力做到慢下来，就像我挚爱的妻子不断指出的那样，当我忘了这点时，就会开始拼命竞争。

□ 试着理解那些要伤害你的人

参与者十八：我听你说过，如果孩子们能理解将要打他们的人，他们挨打的可能性就会小些。我想这对成年人应该也一样适用。对此你有什么建议，或者有什么他们可以在那种情况下喊出来的紧急口号？

马歇尔：好。我们教给他们的第一件事就是，永远不要在父亲生气时当面对他说"但是"。所以，当父亲问："你为什么这么做？"不要回答"但是，爸爸……"千万不要解释。

你要做的是，以你最快的速度将注意力集中到他的感受和需要上来。要知道他不是对你生气，你并没有惹他生气。但是，要注意倾听他的愤怒，听出他未被满足的需要。

我们对此进行练习，练习，再练习。当有人要打你时，知道如何以同理心理解对方心里的感受和想法，这事理论上说起来是一回事，实际上做起来又是另一回事。我们教警察在危险情况下如何这么做，因为大量研究已经证明，与暴徒打交道时，如果以同理心的理解而不是用枪武装自己，警察更有可能活着走出来。

但是让孩子这么做是个更大的挑战，所以我们要让孩子多加训练。如果你身边的为人父母者都认为自己永远是对的，错的人就该受到惩罚，那么你也更有可能打自己的孩子。除非我们能控制这些孩子的父母，在此之前，我们只能教给孩子们我们所知的最佳自卫：同理连接。

□ 一旦愤怒，我就知道自己需要慢下来

参与者十九：当你和别人沟通，经历了所有的事，然后到了一个快要爆发的节骨眼上，比如路上很堵，你急着去机场，等等，这时你怎么处理自己的个人暴力行为呢？

马歇尔：如果今晚我离开这里时你跟着我，从现在算起到我到达圣巴巴拉市的这段时间里，你大概会看到有二十次我要爆发。我的妻子这会儿已经睡了，要不然她也能证实这一点。

参与者十九：而你会经历让自己平静下来的整个过程，是吗？

马歇尔：是的。所以现在坏情绪只能困扰我三十秒，而不是三小时了，但我仍然会被激怒。你看，世上就是有这种可怕的暴力的、邪恶的人，他们被称为“挪动得不够快的人”。排队买票时，我想坐下来歇一下，这种人——这些浑蛋——这些人遍布全球，他们就是不动弹，让我火冒三丈。这真是个考验我在非暴力沟通中的耐心的国际桥段。

参与者十九：那你对此想出什么秘诀或是特别的方法吗？你会倒数十或是怎样吗？

马歇尔：不。我的愤怒是很有价值的。愤怒是种福气，一旦生气，我就知道自己需要慢下来，看看我告诉自己的——我需要转化这些让我生气的评判，了解自己的需要。

参与者十九：所以你认为在某些情况下愤怒是正当的？

马歇尔：愤怒总是正当的，因为远离生命、挑起暴力的思维方式会不可避免地导致愤怒。问题不在于愤怒，而在于当我们愤怒时内心的想法。

参与者十九：你如何处理愤怒呢？

马歇尔：我会慢下来，享受在脑中进行的评判秀。我不会对自己说“不应该”那么想，那只会使之继续下去。我不会说这是错的，不会像我儿子在我某次大声说出一些评判的想法时那样反诘我：“就你还环游世界教别人怎么沟通呢？”我试着不对自己说：“我认为这是不正当的。”我只是看到了愤怒，了解其背后的需要，理解自己。我听到这些道德观念背后的需要。

比如，我可能会很郁闷，因为我希望队伍动得更快一些，但是在排队的那十分钟里，我可不想给自己的心脏增加额外的压力。（顺便说一下，医学界研究表明，“类型一”的思维方式，也就是我所说的道德观念或评判思想，与心脏疾病之间有着高度的相关性。）所以，我想减轻心脏的压力，将心脏的压力放慢到每秒三十下，而不是在排队的十分钟里，对我前面那个跟售票员磨叽了半天的人勃然大怒：“难道他们不知道我还在后面排队等着吗？”我可以让这些压力啃噬我的心，也可以选择转化这种郁闷。慢下来时，我可以问问自己：这十分钟里我能做些什么？我可以带点东西在排队时读读。

参与者十九：是不是终极目标就是让自己不再为愤怒所扰？这就是你最终想达到的境界吗？

马歇尔：我的终极目标是，将一生中尽可能多的时间花在诗人鲁米所说的世界里：一个超越了对与错的地方。

□ 如何做到宽容？

参与者十九：撇开对错不谈，我们会很自然地对某些人产生吸引，对他们敞开胸怀，但对另一些人则不会。我认为这是基于我们的教养和个人习惯等。我常常不知道怎么真正坦诚、热情地对待那些与我迥然不同的人。我不只是指种族主义，也可能只是一些有着不同习惯、不同做事方法的人。我很困惑，不知该如何真正培养更多的宽容，在这个声称我们应该宽容的政治正确的社会里，要做到宽容就更难了。

马歇尔：首先，让我们去掉“应该”这个词。即使我其实很想做某事，但只要我想到“应该”做这件事事，我就会抵触它。听到来自内心或外部的“应该”如何如何将做事的全部乐趣都抹杀了。我努力从不去做我“应该”做的事。相反，我遵从约瑟夫·坎贝尔的建议。坎贝尔在在学了43年的比较宗教学和神话学后，说：“你知道，我在所有的研究之后，惊讶地发现所有宗教都在说同一件事：不要做任何无趣的事情。”不要做任何无趣的事情。他还换了种方式说：“跟随你心之所向。”怎样使世界妙趣横生又可学习的能量即源于此。

让我们花一分钟的时间来谈谈“宽容”。有很多人，与他们在一起让我难以忍受，但他们是我最好的导师。他们教我知道是什么念头让我难以看见他们身上的神圣能量。我想从任何阻止我和那股能量连接的事物中学习。幸运的是，有很多让我无法忍受的人，所以我有很多学习机会。我不断练习，问自己：“这些人做了什么让我这样评判他们呢？”首先，我努力搞清楚他们做了什么。然后，努力弄明白我是怎样评判那些惹怒了自己的人的。第三步，是看看我的评判背后，自己的什么特别需要在与这些人的关系中没有得到满足。对自己这些未被满足的需要，我努力予以理解。第四步，我问自己：“当人们做我不喜欢的事时，他们是试图满足他们的什么个人需要呢？”我努力理解他们做那些事时内心的感受和想法。如果我对这些自己不能忍受的人进行如上练习，那他们就是我最好的非暴力沟通的老师。

□ 与母亲达成和解

参与者十九：我想知道你是否愿意帮我治愈我和我母亲。我打算感恩节时去看她。

马歇尔：开始吧。我来扮演你母亲，你扮演你自己。

马歇尔，扮演母亲：儿子，我现在戴着同理心的耳朵，我非常乐意听你说说是什么让你感觉在我身边无法身心自在。

参与者十九：我从哪儿说起呢？

马歇尔，扮演母亲：哦，很好，看来我有的学了。

参与者十九：对于你的消极，对于你总是批评这个世界、批评我、批评生活、批评政府……我是如此沮丧、愤怒、灰心，在你身边我感到绝望。我气你把世界描绘成了一个可怕的地方，然后整天对我和我姐灌输这些。

马歇尔，扮演母亲：让我看看我是否理解了你的意思。我听到两个我不想错过的重要信息。第一，如果我没听错的话，你希望有人能理解当我很痛苦时，你在我身边有多痛苦；而且，设法应付我的痛苦常常让你备感压力。

参与者十九：是的。

马歇尔，扮演母亲：我听到的第二点是，你希望我理解你，理解你长久以来置身其中背负着多少痛苦，你不希望带着这么多痛苦去看待事物。

参与者十九：你所说的一部分是对的。我生气是因为感觉自己不得不在内心做斗争，以保护我自主选择的能力，以我想要的方式看待事情。

马歇尔，扮演母亲：所以，如果你不用这么努力就可以生活在一个与我描述的截然不同的世界里，该多么美好。

参与者十九：是啊。

马歇尔，扮演母亲：是啊，你多想生活在那个美好的世界里。而我却帮你学会生活在这个世界里，看到你的精力都花在这里我很难过。

参与者十九：是啊，这听起来像是指责——它也确实是——但这就是我现在的情况。

马歇尔，扮演母亲：孩子，我听不见指责——我戴着我的非暴力沟通耳朵呢，我能听到的只有美。

参与者十九：我气你沉浸在这么多的痛苦中，以至于呈现的也只有痛苦，而不会说："我很痛苦，但你不需要这样。"我气自己没有得到任何鼓励去选择不同的方式看待这个世界，而当我真的用不同的方式时，你却感觉受到了威胁，并试图贬低、弱化我的认知。

马歇尔，扮演母亲：我想回顾一下你刚才所说的，跟你确认一下，看这样是否能够至少让一切对你来说更能忍受一些：如果我在很痛苦时说："嘿，只是我这么看，我不是鼓励你也这么看。"但是，我实际所说的听起来好像世界就是这样的，孩提时的你将之内化了。这就是为什么现在你难以生活在自己选择的世界里，而不是我曾描绘的那个世界。

参与者十九：是。和你在一起，很多时候我感觉又回到了孩提时的处境。我没有那种距离感，以使我感觉自己得能够说"噢，那只是我妈妈"，现在我仍然觉得倾听你的感受便威胁到我的自主权。

马歇尔，扮演母亲：嗯，你听到了那些感受，与你想生活在其中的世界失去了联系，而进入了我给你描绘的这个世界。

参与者十九：没错。现在我很担心，因为我感恩节要去看你，我知道自己还记得过去用过的很多策略，比如在真的生气时依然点头、已经走神时仍假装在听。我太害怕了，我没法表达自己的真实感受，很担心自己又得这么做。我还怕一旦真的试图对你说真话，你又会因为我有这些感受而批评我。

马歇尔，扮演母亲：你不想处于这种境地，你能想象到的两个选择，一是隐藏自己，二是说真话制造出大麻烦。你真的很希望除此之外我们之间还有别的联系。

参与者十九：是的。我真担心自己对此感觉太难过，以至于我想羞辱你，让你知错。

马歇尔，扮演母亲：你内心深受折磨，因而你迫切需要有人理解你为此付出了多少代价。

参与者十九：是，没错。因为我受过一些训练，能够将混乱理清，所以我最害怕的不是说真话把事情搞得一团糟。我讨厌自己的地方是我能够很淡漠，心不在焉，却不能好好照顾我自己，也不敢大声说出自己的想法。我很担心自己的这种倾向。

马歇尔，扮演母亲：所以，对你来说，一想到大声说出自己的想法以及不得不收拾一团糟的事物就会觉得不舒服，但是，那也比继续隐藏自己、不表达自己的想法要好一些，虽然这么做也很可怕。

参与者十九：你在听到我的感受后会用“太敏感”“过敏”之类的词来表达你的不堪重负，而我在内化这些标签的过程中也会很痛苦。

马歇尔，扮演母亲：嗯，嗯，我明白了。你希望你能听完那些话，不带任何批评地倾听我的痛苦，但对你来说这么做并不容易。

参与者十九：是的。

马歇尔，扮演母亲：在我做出回应前，你还有什么想告诉我的吗？

参与者十九：我真的非常担心自己内心还有太多痛苦，会以我想让你知错、想羞辱你、痛打你的形式发泄出来，因为我感觉你曾经是那样对我的。

马歇尔，扮演母亲：是的，你的痛苦太强烈了，需要发泄出来。但是你担心唯一的发泄方式会被我以某种方式解读，使得我们彼此之间更加疏远。这不是你想要的，不过，你确实希望能够将痛苦发泄出来、处理掉。

参与者十九：是的。我担心自己过于理智。多希望我曾经得到允许，心灵的允许，可以去尖叫、跺脚，不说一句话，我想让你听到这些，因为我们会窥探彼此的想法，而我讨厌这样。

马歇尔，扮演母亲：是啊，所以你想确定，如果我们的确用语言表达，它们就会真的将我们和生命相连，而不是使我们远离生命。在那个时候，很难想象有什么语言可以做到这一点，仿佛只需要尖叫、跺脚什么的就能把痛苦都发泄出来。

参与者十九：我也知道，自己的某部分只想回家，得到小时候在这个家庭里未曾获得的关爱。但我担心要在这个家庭里满足我的这个需要不太现实。

马歇尔，扮演母亲：那么，不止是化解所有这些痛苦，你还梦想一种滋养身心的关系，感觉自己被珍视，享受彼此的陪伴。那看起来很遥远，考虑到你经历的那些痛苦，哪怕只是想象一下我们能够达到关爱彼此的地步都很难。

参与者十九：呃，老实说，很难想象你会给予我这些，你那么沉浸于自己的痛苦中。

马歇尔，扮演母亲：是啊，连想象一下都很难。在我做出回应前，你还有什么想说给我听的吗？

参与者十九：你知道的，如果你说你有多讨厌总统，即使我同意你的看法，也不愿听这些，宁可对着你的脸给你一拳。

马歇尔，扮演母亲：所以，不管我说什么，总统啊或是其他的什么，只要你看到我很痛苦，你自己就很痛苦，就不想继续待下去。

参与者十九：理智地来说，我也不知道这到底是为什么，但是，仅是听到你发泄对他人的评判就让我很不爽。我不想充当你讲故事的回响板。如果我看到你释放痛苦，得到理解，那会是另一回事，但……

马歇尔，扮演母亲：你受够了那种不管怎样你都得治愈那种痛苦，却又不知道该怎么办，结果把自己弄得情绪低落的感受。在任何一段感情关系中，你都希望除了扮演那个角色之外还有些别的东西。你厌倦了不得不听我倾诉，然后想办法让我感觉好受些。

参与者十九：我倒是希望能找到享受这个的办法。你知道吗？听到你的评判时我的反应与我听到朋友的评判时的反应是不同的。你和我有时就是在疯狂地相互伤害。我根本心不在焉，因为内心有个批评的声音告诉我这是我的责任。

马歇尔，扮演母亲：你意识到问题的一部分是告诉自己，不管怎样你都得治愈我，你的母亲。但是，你也希望我意识到是我自己的言行造成了这个样子。

参与者十九：是的。如果你说："你知道，我有点痛苦，想说出来，你能听我说吗？"我会感觉好得多。真正地征求允许，那样我想得到尊重的需要就能得到满足。

马歇尔，扮演母亲：好，我想现在回应你。你愿意听我说吗？还是你想让我再听听你要说的？

参与者十九：我还能说更多，不过我觉得现在可以听你说了。

马歇尔，扮演母亲：我很欣慰你没有放弃我们之间的关系，仍在努力寻找办法，让它不仅可让你忍受，还可以培养我们的母子之情。我知道你几乎快要放弃了。我没法告诉你这是一份多么好的礼物——你受了那么多苦，却仍在寻找希望，寻找有助于我们之间情感的东西。

参与者十九：我没有意识到自己还怀着希望，但我知道，如果多努力一点，自己和女性的关系就会好一些。

马歇尔，扮演母亲：所以，即使你无法从我这里得到关爱，也希望自己至少能在其他女性身上找到温暖。

你的话勾起了我的思绪，让我有好多话想告诉你。但是此刻，看到我处理痛苦的方式没有满足我终生想要满足的一个需要，我所能想到的一个最强烈的需要，那就是——养育你，这让我无比痛心。我不但未能以自己想要的方式养育你，反而给你造成了这么多痛苦。只是看一看我那深深的悲伤，我就感到恐惧无比。我自己不得不受苦是一回事，但是看到自己给你造成了所有这些痛苦，才是真正的痛心。我想知道听到我这么说，你有什么感受。

参与者十九：我感觉有点麻木。我想我是在自我保护吧。

马歇尔，扮演母亲：那正是我所害怕的，甚至到现在你都觉得自己需要对此做些什么。我真的很想让你知道，戴着这些耳朵，我想要的只有理解，没有别的。如果你不能给我，我也不会因此就认为这是拒绝或是制造更多的痛苦。

所以，我能听到的是，你有点麻木，你的一部分想与之共鸣，但是另一部分又害怕回到过去的“现在你必须为此做点什么”的思想里。

现在，我想告诉你，这么多年来我这样做时是怎么想的。听到你有多想听我说出那些话，我真的几欲流泪，因为这让我意识到我是想那么说的。然后我问自己是什么使得我没那么做，那时我就想哭。我甚至不能想象竟然有人真的关心我内心的感受和想法。然后，你所说的让我认识到，我想要得到关心的方式是希望他人自然而然地去关心我。以这种方式，有谁会乐于关心我呢？我只是觉得悲伤如此深重，却不知道还有其他的表达方式：“嘿，我正痛苦着，需要关心。”

我不想你为我的痛苦负责，而只是需要感觉到有人关心我的内心感受和想法。我知道的索要关心的唯一方式却适得其反，就像回到了孩提时候，我从没觉得有人在乎我的需要。因此，想以一种其他人也许乐于倾听的方式索要关心，那是不可能的。于是我感到绝望，只会用我知道的唯一方式表达：通过绝望。然后我看到这对其他人造成了什么影响，就更绝望了。

我想知道，听我告诉你这些话，你有什么感受。

参与者十九：伤心，但能够听到你的急切表达背后的东西，也感到一丝释然。了解这些想法让我有点如释重负。

马歇尔，扮演母亲：我们对自己内心的袒露让我感到十分脆弱。如果我让小组的其他成员说说他们听过这段对话后的反应，你觉得怎样？

参与者十九：我大概乐意听听。

马歇尔，回到他自己：好的，那么大家对我们这段对话有什么感受或反应呢？

○ 角色扮演对其他观众的治愈作用

参与者十八：不知为何，看见男人能以如此怜惜的方式回应，我不禁想发自内心地开心。这对我来说是新的体验。

马歇尔：【开玩笑地】我们不是真的男人。

参与者十八：你的示范给我打开了男人行事方式的一种可能性，所以，对此我很感激。

参与者二十：我也对此心怀感激。这真的深深触动了我的心，因为我和母亲也有类似的问题，我还没有找到有效的解决办法，都快对此绝望了。听到马歇尔在母亲的角色里充满悲伤地表达她本意是多么希望儿子幸福，这点对她来说是多么重要，我感到这对自己也有治愈作用，知道这对我母亲来说也很重要——她从未想让我过得辛苦。听到她可能经历过的事和你们的对话对我而言也是治愈。非常谢谢！

参与者二十一：嗯，我很感激这次体验，因为我真的能感受到语言背后的人性。

我不知道是否有人听过“心灵感应”，但在某一刻我感觉到了这一点，它消除了我和这个房间里其他所有人之间的隔膜。我感到自己与大家联系在一起。而另一方面，我也有点伤心，因为我真的很希望看到人们——包括我自己——快乐，你知道吗？我认识到你扮演母亲角色时所说的：有什么东西蒙蔽了我们每个人内在的人性，很神奇的是，一旦一个人或双方都能敞开心扉，解决方案很快就能产生。我觉得这个技巧很有帮助，但是它也关乎你和自己的内心沟通的能力，关乎我感觉到的信念，像信仰上帝一样。我想这很好地描述了我此刻的感受。非常感谢！

参与者十九：和你一样，我也觉得伤心，因为我意识到我已经放弃治愈自己和母亲之间的关系……意识到我是如何只去治愈我和其他女性的关系，却不治愈我和自己母亲的关系，意识到即使我知道自己能或应该这样做，但对于如何接近她，我是多么的手足无措，因为我觉得她不会真的那样对我做出回应。

马歇尔：你觉得她听了这盘录音后会怎么回应呢？

参与者十九：不知道。它对我有治愈效果，也许也能治愈她或有什么其他的效果。

马歇尔：我希望你试试，如果很管用，希望你打电话告诉我。如果把事情搞砸了，打给我的员工。

参与者十八：听到这些后我还感到一些希望——不是说我可以一直以任何方式体会感受和需要，而只是说我感到了一些希望。即使我把事情搞砸了，也仍有希望和精力同我哥哥做同样的尝试。谢谢你！

□ 母亲给我的礼物

马歇尔：我想跟大家分享我曾经得到的一份礼物。我在和母亲的关系中有过非常类似的痛苦，你说的仿佛就是我。我想告诉你，是一次重大手术帮助我摆脱了困境——不是在我身上动的手术，而是我母亲曾经做过的一次手术。在我的一次工作坊中，她给我讲述了那次手术的经历。

在那次工作坊中，一群女士在谈论对表达个人需要的畏惧，因为这点，她们与男性的情感关系多么糟糕。她们知道的表达需要的唯一方式只会适得其反。然后她们更痛苦了，这就让情况更糟糕。

女士们一个接一个地讲述对她来说开口直言需要有多么困难。我母亲站了起来，去了洗手间，很久没有出来，我开始担心了。当她出来时，我注意到她的脸色很苍白，便问："妈，你还好吗？"她说："现在还好。听到她们的讨论我很难过，因为听到她们讨论表达她们的需要有多么困难，我想起了一件事。"我说："妈，你介不介意给我讲讲？"

她给我讲了这个故事："在我14岁时，我姐，也就是你的米妮姨妈，做了阑尾切除手术。你的姨妈爱丽丝给她买了个小钱包。我特别喜欢那个钱包，愿意以一切来换得那个钱包，但是在我们家，是不可以说自己想要或需要什么。如果说了，就会被哥哥姐姐训斥：'你知道家里穷，为什么还要这要那？'但我实在太想要那个钱包了，于是开始哼哼唧唧自己身上痛。他们带我看了两个医生，都查不出什么毛病来，但第三个医生说，也许我们该做点探知手术。"

他们把我母亲的阑尾也切除了。这法子奏效了：我的爱丽丝姨妈也给她买了个钱包，就和她想要但却没法开口要的那个一模一样。但故事到这并没结束。我母亲接着说："我躺在医院的病床上，身上特别痛，但心里很高兴。一个护士走进来，在我嘴里放了个体温计，然后就出去了。然后另一个护士进来了。我想让她看看我的钱包，但是因为嘴里含着体温计，我只能发出"嗯嗯呜呜"的声音。护士说：

‘给我的？谢谢你。’然后她就拿走了那个钱包。我没法要回来。”

这就是我母亲给我的礼物，因为仅是看到对她而言表达需要是多么困难，看到她后来所经历的事，就帮我理解了她身上让我讨厌的一切。也终于理解了为什么她每次要东西都让我烦得要命，那是因为背后有种绝望，也终于明白为何她就是没法直接说出自己的需要。所以说，她的那场大手术帮助我摆脱了困境，对我帮助很大。

参与者二十：参与者十九，真的非常感谢你愿意展现出你的脆弱，表达出你所有的愤怒、难过和痛苦。你的母亲也许乐于并急于敞开心扉，对此你也许会感到惊讶。我打算买下这段录音带给我儿子。

参与者十九，对马歇尔说：你能说点什么来结束我们这段对话吗？我在考虑买下这盘录音，然后在我去看她的时候播放给她听，但这个想法也让我很害怕。我告诉自己的是，我们在这段对话中说了一些强硬、难听的话，尽管我不指望自己跟母亲的关系能变好，但我担心她可能无法倾听我那会儿说的话。

马歇尔：危险正在于此。但如果她听的时间够长，看到我是怎样听到这背后的美的，她也会学习非暴力沟通的。

参与者十九：我刚刚想到，我可以在放这段录音之前跟她解释：我当时说的一些事只是为了表达出我那时的强烈情绪。我想她能理解的，她教过我这些。

马歇尔：然后你可以说：“妈妈，我想让你看看马歇尔扮演你的角色时是怎么处理的。听过之后我希望你告诉我你觉得马歇尔在你的角色中表现怎样，你觉得我责骂你时他的处理方法怎么样。”

参与者十九：我担心她想要你做她儿子了。

参与者十八：我想要马歇尔当我妈妈。

□ 小结：治愈与和解的四个阶段

对于在重要关系中寻求治愈或和解的人们，要在他们之间建起一座同理心之桥，主要有四个阶段。

○ 第一阶段：同理连接

1. 关注：我全心关注对方内心的感受和想法，把同理心传达给正受伤着、愤怒着或害怕着的人，不带任何评判、判断，也不提供任何建议。

2. 了解当时的感受和需要，并进行检查：我只在以下情况中大声说出来：

· 我的目的是确认我已准确地理解了那个人，并与其建立了联系；

· 我感觉到对方因分享而脆弱，也许需要我口头上表示理解。我关注的是那个人由于过去发生的事导致的此时此刻心里的感受和想法，而不是故事本身或过去的事情。

3. 保持理解：我倾听对方，直到我收到明确信号表明这个人已经说完了（比如，感到如释重负或平静下来）。

4. 检查：我问：“你还有什么想说的吗？”

5. 得到理解之后的请求：这个人此刻想从我这儿得到什么？（信息？建议？还是想知道我听到这些后的感受？）

记住，区分同理心和同情。同理心是在他们感受他们自己的感受时，我在场，全心关注着他们。同情则是，我回到家，感受我自己的感受。

○ 第二阶段：表达悲伤

在非暴力沟通中表达悲伤需要意识到，由于自己过去所做的选择，自己现在未得到满足的需要是什么。比如，在那对兄妹的角色扮演中，哥哥说："妹妹，看到自己的行为如何给你造成了痛苦，我感到很难过。我想以自己想要的方式照顾你和支持你，可是我的这个需要却没有得到满足。"在表达悲伤时，哥哥也了解到他自己现在的感受，这些感受（悲痛）源自那些没有得到满足的需要（照顾和支持妹妹）。

非暴力沟通式的表达悲伤不是道歉。道歉基于道德评判，包括承认错误和暗示通过某些形式的受苦会"使其正确"。在非暴力沟通的这一环节，我问自己：我所做的是否满足了自己的需要？如果没有，那又是哪些需要没有得到满足？我对此又有什么感受？

○ 第三阶段：表达过去的需要

在同理连接和表达悲伤的阶段之后，我听到的最急切的一个问题就是："但你为什么这么做？"我确定那人已经得到了他所需要的所有理解，之后才进行到下一个阶段。在这个阶段，我通过了解自己那时做那些事时试图满足的需要是什么来解决这个问题。

比如，在母子角色扮演中，母亲对儿子表示理解，在他面前表达了自己的悲痛，之后，她坦承自己之所以会如此对待自己的家人是因为："我从没觉得有人在乎我的需要，我只是感到绝望，只能以我知道的唯一方式表达：通过绝望。然后我看到这对他人造成了什么影响，就更绝望了。我只是觉得悲伤深重，却不知道还有其他的表达方式：'嘿，我很痛苦，需要关心。'"

表达悲伤不同于道歉，这位母亲善意的自我原谅基于对她过去的感受（绝望、痛苦）和需要（关心和在乎）的了解，这种自我原谅不同于合理化或否认责任。

○ 第四阶段：反转理解

处于痛苦中的对方在得到了足够的理解，听到了我表达的悲伤、并理解了我试图满足的需要之后，就会自然而然想要反过来理解我。出现这种情况时，我们就将完成治愈的最后一步。但是，很重要的是，只有当对方确实有给予我理解的冲动时才能进行这一步，因为压力感或未成熟的邀请都只会加深对方的痛苦。

非暴力沟通实践篇
Living Nonviolent Communication

第四章
愤怒的意外作用

如何有效管理愤怒？

在本章中，我将分享我对愤怒在我们的生活中所起的作用的看法。我希望促使你们转变观念，不再认为愤怒是应该被压制的。相反，愤怒是份礼物，激发我们去了解引起我们这种反应的未被满足的需要。我揭示出对愤怒的普遍误解以及思维如何导致我们的愤怒。因为愤怒触及到非暴力沟通很多的关键特质，所以，对愤怒的讨论有助于我们更好地理解非暴力沟通。用心生活，进行观察而不做评判，弄清楚自己的感受和需要，提出明确的请求，支持使生命更丰盈的联系，这些都与你如何应对愤怒有关。

□ 将愤怒当作一个自我提醒

讲到管理愤怒，非暴力沟通展示了怎样将愤怒作为一个警告，提醒我们，现在这种思维方式不大可能让我们的需要得到满足，反而很可能让我们陷入对任何人都不大有建设性作用的互动中。非暴力沟通训练强调，认为愤怒应该被压制的想法是非常危险的。当认为愤怒是因为我们自身的问题时，我们就会倾向于压制愤怒，对其置之不理。这种应对愤怒的方法——压制和否认——经常导致我们用对自己和他人都很危险的方式来表达愤怒。

想想，多少次你在报纸上读到关于连环杀手的报道，以及认识杀手的人对他们的描述。一个相当典型的描述就是：“他一直都很和善，嗓门从没提高过。他好像从未对谁发过火。”在非暴力沟通中，我们很感兴趣的一点是，利用愤怒来帮助我们达成那些自己没有满足的需要，因为这些未被满足的需要是我们愤怒的根源。

我在全世界范围内帮助过的许多人都见识到了“愤怒应该被压制”这种教育产生的后果。这些人看到，当人们受到的教育是应该避免愤怒时，就可以通过让他们忍受任何事来压制他们。然而，在这个问题上，对于为什么有些人倡导抑制或“发泄”愤怒，而不去理解其根源并转变它，我持保留意见。有些研究显示，那种只是简单地鼓励参与者通过某些方式——比如打枕头——来发泄愤怒的愤怒管理项目只是将愤怒推向更表面，实际上，会导致参与者更易在后来以对自己和他人都危险的方式来表达愤怒。

我们运用非暴力沟通管理愤怒时想做的就是深入挖掘愤怒，看看当我们愤怒时内心的状态，了解我们的需要——这是愤怒的根源——然后满足那个需要。出于教学目的，我有时将愤怒比喻成汽车仪表盘上的警示灯——它提供了关于引擎的需要方面的有用信息。你不会想着去隐藏这一情况，或不理会或忽略，而是想要减慢车速，弄明白这灯想要告诉你什么。

○ 保持对愤怒的关注

我的经验是，如果保持对愤怒的关注，将它当作一个自我提醒，那么，不管对方是如何沟通的，我们之间建立的联系仍存在。换言之，即使其中只有一个人应用了非暴力沟通，那也管用。

将注意力放在这个方向不是太难。然而，这样也有可怕之处，因为这总是需要我们展现出脆弱，坦诚地说出我们怎么样、想要什么。如果双方都受过这方面的训练，这个过程会很顺利，但就我教过的大多数人而言，他们都在试图与不大可能来参加非暴力沟通工作坊的某个人建立这样顺畅的沟通。那么，不管人们有没有受过此方面训练，让这个方法对每个人都有效，就显得非常重要。

在我们的强化训练中，我们强调的一点是，怎样在不论他人是如何沟通的情况下坚持使用这个方法。从某种意义上来说，愤怒很有趣，它是一种更深入了解非暴力沟通的方式，即使你是第一次开始应用这个方法。当你愤怒时，非暴力沟通方法的许多方面就成为尖锐的焦点，这有助于你看到非暴力沟通和其他沟通方式的不同之处。

非暴力沟通处理愤怒的方法包括几个步骤。我将通过瑞典一个年轻囚犯的例子来讲解这些步骤。我在一次囚犯培训课程中帮助他，向参与者展示如何将非暴力沟通用于管理愤怒。

□ 愤怒处理四步骤

○ 第一步

利用非暴力沟通处理愤怒的第一步是意识到：愤怒的激发因素，或者被称为诱因，并不是导致愤怒的原因。换言之，并不是简单的人们做了什么让我们愤怒，而是我们内心深处的什么东西与他们所做的事呼应——这才是愤怒的真正原因。这一步要求我们能够将诱因与原因区分开来。

在那个囚犯的例子中，情况是这样的，我们专注于愤怒的那一天，他正好对监狱管理层感到非常愤怒，因此他很高兴我们帮他处理他的愤怒。

我问他狱管做了什么激起了他的愤怒。他回答说：“三个礼拜前我提出了一个请求，到现在他们还没回复。”他以我希望的方式回答了问题，简洁地告诉我他们做了什么，没有混入任何评价，这是以非暴力方式管理愤怒的第一步：只是搞清楚诱因，而不混入判断或评价。单单这一步就已经是重要成就了。当我问这样的问题时，经常得到的回答是“他们很不体谅人”之类的话，这是对他们是什么样的人做出的道德判断，而没有说出他们实际做了什么。

○ 第二步

第二步是要意识到诱因从来不是愤怒的真正原因。也就是说，不是简单的人们做了什么事让我们愤怒。我们对这些事的评价才是愤怒的原因。这是一种特殊的评价。非暴力沟通建立在这样的前提之上：以疏远生命的方式来评价发生在我们身上的事，从而导致了愤怒。愤怒不直接与我们的需要或周围人的需要相连，相反的，它基于暗示对方所做之事有错或不好的思维方式。

· 评价愤怒的四种方法 ·

有四种办法来评价在我们生活中出现的所有愤怒诱因。在狱管三个礼拜没有回复囚犯的请求这个例子中，囚犯可以审视这个情况，认为是针对自己的，将之视为拒绝。如果这么做，他就不会愤怒。他可能会觉得伤心，也许会觉得沮丧，但不会感到愤怒。

第二种可能是，他内观己心，看到自己的需要。直接关注需要是一种最有可能使需要得到满足的思维方式。像我们之后会看到的，如果他直接关注自己的需要，就不会愤怒。他也许会觉得害怕，事实证明，他一旦了解自己的需要，的确会感到害怕。

第三种可能是，他在想是狱管的什么需要导致其所为，从这个角度来看待这件事。这种对他人的需要的理解不会让我们觉得愤怒。其实，当我们与他人的需要真正相连时——在我们理解他们的需要的那一刻——不会觉察自己内心的任何感受，因为我们的全部注意力都在他人的需要上。

他看待事情的第四种方法可能——我们会发现这总是愤怒的根源——是从认为狱管行为有错的角度来考虑问题。在非暴力沟通中，每当感到愤怒时，我们就对自己说“我感到愤怒是因为我告诉自己______”，然后我们寻找自己脑海中疏远生命的那种思维方式，这才是我们愤怒的原因。

在这个囚犯的例子中，当他告诉我他很愤怒，起因是狱管三个礼拜没有回应他的请求时，我让他审视内心，告诉我他愤怒的原因是什么。他似乎很困惑，对我说：“我刚刚跟你说了我愤怒的原因啊。我三个礼拜前就提出了请求，可是狱管到现在都没回应。”

我对他说：“你告诉我的，是你愤怒的诱因。在先前的课程中，我试图澄清，从来不是单纯的诱因导致了我们的愤怒，真正的原因是我们正在寻找的东西。所以，我想请你告诉我，你如何解读他们的行为——你怎么看待这个行为——这才是你愤怒的原因。”

当时他非常困惑。像很多人一样，他没有受过训练，没有意识到自己愤怒时的内心状态。因此我得给他一点帮助，解释我说的“停下来，听听自己脑中的想法”是什么意思，这些想法才是愤怒的核心。

几分钟后，他告诉我：“好，我明白你的意思了。我愤怒是因为我告诉自己这不公平，这样对待人是不公平的。他们这样做就好像他们有多重要而我什么也不是似的。”他的脑海中还快速闪过一些类似的其他评判。注意，最开始他说就是他们的行为使他愤怒，而事实上，真正使他愤怒的是他自己内心的这些想法，其中任何一种想法都可能导致他的愤怒。而他已经准备好了一系列这样的评判：“他们不公平，他们对我不公平。”这些评判是愤怒的原因。

我们在这一点上达成共识后，他问：“呃，这么想有什么不对吗？”

我回答说：“我不是说这么想有什么不对，我只是希望你意识到，这种想法是你愤怒的原因。我们不想将人们所做的——也就是诱因——与愤怒的真正原因混淆。”

· 注意区分诱因和原因 ·

很难一直坚持这种观念：不将愤怒的诱因，或者说激发因素，和愤怒的原因混淆。之所以难做到是因为教育我们的那些人，将内疚作为动力的一个主要形式。如果想利用内疚来操控人，你首先需要迷惑他们，让他们觉得诱因是引发感受的原因。换句话说，如果想对某个人使用内疚伎俩，你需要暗示你的痛苦正是是由他们的所作所为造成的。这意味着他们的行为不仅是引发你的感受的导火索，还是你之所以有此感受的原因。

如果你是个惯于内疚诱导的家长，你可能会对孩子说：“你不整理自己的房间真是让我很难过。”或者，如果你在亲密关系中是个惯于内疚诱导的伴侣，你可能会对对方说：“你这周每天晚上都出去，这让我很生气。”注意：这两个例子中，说话人都暗示诱因是感受产生的原因：“你让我觉得”“这让我觉得”“我感觉______是因为你______”。

为了以与非暴力沟通的原则相一致的方式管理愤怒，很重要的一点是意识到这个关键差异：我有此感受是因为我告诉自己他人的所作所为暗示他们有错。这些想法以评判的形式出现，比如，“我认为他们很自私，我觉得那人很粗鲁，或是很懒，或是爱操控人，他们不该这么做”。这种想法的表现形式要么是直接评判他人，要么是间接评判，通过类似以下的话表达出来：“我评判他们，只是认为他们有一些值得我说的地方。”

在后一种表达中，它暗示我们认为他人做得不对。这点很重要，因为如果我认为那人让我产生这种感受，就很难不去想象惩罚他们。非暴力沟通告诉我们，问题的关键从来不是对方做了什么，而是，你怎样看待、怎样解读他人的行为。如果人们能在我工作时跟着我，他们就会学到这个领域的重要知识。

比如说，我在卢旺达工作了很久，经常帮助那些家人被杀害的人。有些人非常愤怒，以至于他们所能做的就是等待报仇。这些人怒气冲冲，而同一个房间里的另一些人，同样也有那么多——也许更多——的家人被杀害了，但他们不愤怒。他们有强烈的感受，但不是愤怒。他们的感受让他们想去阻止杀戮再次发生在其他人身上，而不是让他们想要去惩罚对方。通过非暴力沟通，我们想要人们看到，是我们怎样看待事情，而不是诱因本身，导致了我们的愤怒。

通过非暴力沟通训练，我努力让人们明白，他们愤怒是因为他们的意识受到我们都学过的那种语言的影响——那就是，对方在某种程度上很邪恶或很坏。这种想法导致了愤怒。当这种想法出现时，我向人们展示的不是如何压制愤怒、否认愤怒或否认这种想法，而是将它转化成一种生命的语言，在这种语言中，他们更有可能在自己和任何一个激起自己愤怒的人之间创造出和平。

要做到这点，我们得先谈谈如何意识到这种使你愤怒的内化思维，怎样将它转化成另一种思维，即你的什么需要没被他人的所作所为满足。然后，让我们看看，怎么从那种意识行进到在你和那个人之间再次创造出和平。

表达愤怒——以与非暴力沟通原则相一致的方法管理愤怒——的第一步是找出你愤怒的诱因，而不将其与你的评判混淆。第二步是，意识到是你以暗示他人有错的评判形式对他人进行的判断导致了你的愤怒。

· 从来不是诱因导致了愤怒 ·

我曾在少管所工作，某一次的经历真正帮助我学到了“从来不是诱因导致了愤怒”这一课。在诱因和愤怒之间，总有一些思维过程发生。

连续两天，我遭遇了极为相似的事情，但是每天我对此遭遇都有很不同的感受。在这两次事件中我都被打中了鼻子，因为连续两天我都给两对不同的学生劝架，两次在劝架时被他们的胳膊肘打到了鼻子。

第一天，我很生气。第二天，尽管鼻子比第一天更痛，我却不气了。那么，为何我第一天对诱因的反应是很生气而第二天却不了呢？

首先，在第一种情况下，如果你问我被打中鼻子后为什么生气，我可能难以找出使自己生气的那种想法。我很可能会说：“那个孩子打到了我的鼻子，我当然生气了！”但那并不是真正的原因。之后我审视这个情况时，就很清楚在这个事件之前，我对这个胳膊肘撞了我鼻子的孩子的看法就充满了评判意味，觉得他是个被宠坏了的捣蛋鬼。他的胳膊肘一碰到我的鼻子，我就很生气——看起来似乎就是因为他的胳膊肘打到了我，所以我变得愤怒。但是在诱因和愤怒之间，我心中闪过对孩子的这个印象——被宠坏了的捣蛋鬼。现在，虽然一切都发生得非常快，但是，是那个“被宠坏了的捣蛋鬼”的形象让我生气。

第二天，我心里装着一个不同的孩子形象，遭遇了同样的事。现在我将那孩子视为一个可怜虫，而不是被宠坏了的捣蛋鬼，因此，当他的胳膊肘撞到我的鼻子时，我不再愤怒。当然，鼻子还是痛，但我已经不生气了，因为另一个形象闪过我的脑海：一个急需支持的孩子形象，而不是导致愤怒的充满评判意味的“被宠坏了的捣蛋鬼”形象。

这些形象出现得非常快，很容易误导我们认为诱因就是愤怒的原因。

○ 第三步

用非暴力沟通处理愤怒的第三步是寻找愤怒的根源——需要。这一步骤建立在以下假设上：我们愤怒是因为我们的需要没有得到满足，而问题在于我们没有了解自己的需要。我们没有直接与我们的需要相连，而是在脑中开始思考那些没有满足我们需要的人有什么不对。对他人的这些评判导致了我们的愤怒，而这些评判实则是对未满足的需要的异化表达。

· 评判：对需要的异化表达 ·

多年以来，我开始发现，这些让我们愤怒的对他人的评判，不仅是对我们的需要的异化表达；有时，在我看来，它们还是对我们需要的自杀性的、悲剧的表达。我们不是回归内心，与我们未被满足的需要相连，而是将注意力转到评判他人没有满足我们的需要有什么不对上。这样做时，有些事情就很可能会发生。

第一，我们的需要不大可能得到满足，因为当我们用语言评判他人某些地方有错时，这些评判通常会导致更多的防备，而不是学习或联系。至少它们不会带来什么合作。即使他们在我们评判他们有错、懒惰或不负责任后仍然去做了我们想要他们做的事，他们做这些事时也会带着一股我们今后要为之埋单的能量。我们要为之埋单，是因为当我们由于评判他人而感到愤怒时——我们要么通过口头语言，要么通过非语言的行为向他们表达出这些评判——他们意识到我们认为他们在某些方面有错。即使之后他们做了我们想要他们做的事，也很可能更多的是出于害怕被惩罚、被评判，或是出于自己的内疚或羞耻，而不是出于对我们的需要的理解。

然而，使用非暴力沟通时，我们一直对此保持清醒：人们为何做了我们想让他们做的事，和他们做了这些事这个事实一样重要。因此我们意识到，我们只想人们是自愿地做某事，而不是因为他们认为如果自己不这么做就会被惩罚、被责怪，会感到内疚或羞耻。

· 锻炼表达需要的能力 ·

这个练习要求培养对需要的意识和表达需要的能力。有更多关于需要的词汇，我们就能更容易了解使我们愤怒的评判背后的需要。只有当我们能够清楚地表达需要时，他人才更有可能对我们想要的事物做出充满理解的回应。

让我们回到瑞典囚犯一例中。搞清楚使他愤怒的评判后，我让他看看评判背后，并告诉我他的什么需要没有得到满足。这些没被满足的需要其实正是通过他对狱管的评判表达出来的。

这对他来说不容易做到，因为当人们受到的训练是从别人有错的角度来思考时，就看不到自己的需要。通常他们缺乏描述自己的需要的词汇，这就要求将注意力从评判外界转移到审视内心，并发现自己的需要。不过，在一些帮助下，他终于能够了解自己的需要，说："我的需要是当我出狱后能够找到工作，照顾好自己。所以，我向狱管申请参加培训，以满足这个需要。如果得不到培训，我就无法在出狱后经济独立、照顾自己，然后我就又会回到这里。"

我对这个囚犯说："现在你了解自己的需要了，感觉怎样？"他说："很害怕。"因此，直接与我们的需要相连后，我们就再也不会愤怒了。愤怒没有被压制，而是被转化成了服务于需要的感受。

感受的基本功能是为我们的需要服务。"情感"（emotion）这个词的基本含义是把我们释放出来、调动我们来满足自己的需要。需要营养时，我们会有一种感觉，我们称之为饥饿，那种感觉刺激我们动起来，满足自己对食物的需要。如果每次需要营养时我们都感觉很舒服，那我们就会挨饿，因为我们不会被调动起来去满足我们的需要。

情感的自然功能就是刺激我们去满足自己的需要，而注意力的转移激发了愤怒。带着愤怒，我们就无法了解这种需要，而这种需要会自然调动我们去满足自己的需要。愤怒是由认为他人有错引起的，这种想法将满足需要的能量转变成意在指责和惩罚他人的能量。

在我给那个囚犯指出了解他的需要和感受两者之间的区别后，他意识到了自己的恐惧。他能够看到愤怒是因为他认为他人有错。然后我问他："你觉得下面两种情况哪种更有可能使你的需要得到满足：一是你过去找狱管谈时你是了解自己的需要和恐惧的；二是你在大脑中评判他们，然后很生气？"

他能够很清楚地看到，如果从与自己的需要相连的立场来沟通，而不是以和自己的需要相分离、暗示他人有错的思维方式来沟通，更有可能使自己的需要得到满足。此时此刻，他认识到，如果与自己的需要保持联系而不是评判他人，自己将会身处一个多么不同的世界。他低头看着地板，流露出我见过的最伤心的表情之一。

我问他："怎么了？"

他说："我现在不能谈这个。"那天晚些时候，他让我知道了个中原因。他来找我，说："马歇尔，你今早教给我的关于愤怒的内容，要是在两年前就教给我该多好，那样我就不会杀死我最好的朋友了。"

不幸的是，两年前，他最好的朋友做了一些事，他对朋友行为的评判让他怒火冲天。但是，他没有意识到这一切背后自己的需要是什么，而真的以为是他的朋友使得他如此愤怒。在悲剧的争执中，他杀死了好友。

我不是暗示说我们只要一愤怒就会伤人或杀人，我想说的是，每当愤怒时，我们就脱离了自己的需要。反而会在脑中以某种使我们难以满足自己的需要的方式思考当时的情况。

我提出的这个步骤很重要：我们必须意识到导致我们愤怒的那种想法。正如我所说的，那个囚犯最初完全没有意识到使他愤怒的那些内心想法，因为这些想法一闪而过。许多这样的想法在我们脑中快速掠过，我们甚至都没意识到它们的存在。结果，看起来反而像是诱因导致了我们的愤怒。

我已经列出了使用非暴力沟通管理愤怒的三个步骤：

1.找出愤怒的诱因，但不要把它和评价混淆。

2.找出使你愤怒的内在形象或评判。

3.将这种评判性形象转化成它所表达的需要；换言之，将你的全部注意力转移到评判背后的需要上来。

这三步是在心里进行的，无须大声说出来。你只需要意识到，你的愤怒不是由他人的行为、而是由自己的评判引起的，然后就该找找评判背后的需要了。

○ 第四步

处理愤怒的第四步包括，在通过了解评判背后的需要将愤怒转化成其他感受之后，实际对对方说出的话。

这一步包括向对方传达四个信息。第一，揭示诱因：对方所做的什么事与满足你的需要相冲突。第二，表达你此刻的感受。注意，不是你在压制愤怒，而是愤怒已经被转化成了一种感受，比如难过、伤心、害怕、沮丧，等等。接下来第三步，表达你的需要没有得到满足时的感受。

现在，在这三个信息的基础上加上最后一点，对于你的感受和未被满足的需要，用现在时清晰地表达你想让对方怎么做。

在囚犯一例中，他的第四步会是找到狱管，说："三个礼拜前我提出了一个请求，但直到现在仍然没有得到回复。我很害怕，因为我需要在出狱后能够养活自己。我担心如果得不到我申请参加的那个培训，到时我会很难维持生计。所以，我希望你告诉我，是什么使得你没有回复我的请求。"

注意，对一个囚犯来说，以这种方式沟通需要他自己做出很多努力。他必须清楚自己内心的想法，也许需要一些帮助来让他与自己的需要相联系。在这种情况下，我在他身边帮助他。但在非暴力沟通培训中，我们向人们演示怎样靠自己做到这一切。

当你被人刺激了，发现你自己开始愤怒了时，管理愤怒就很重要。如果你受过充分的训练，了解评判背后的需要，你可以深吸一口气，快速地过一遍我引导那个囚犯所经历的过程。因此，一旦发现自己正要发怒，你就深呼吸一下，停下来，审视内心，问自己："我对自己说了什么，让我如此生气？"通过这种方式，你可以很快地了解评判背后的需要。了解那个需要后，你会在身体里感觉到愤怒变成了其他感受。然后，进行到这一点时，你可以大声对对方说出你所观察到的、感受到的以及你所需要的，然后你就可以提出你的请求。

这个过程需要练习，充分练习后，可以在几秒钟内完成。也许，你很幸运，身边有朋友可以帮助你意识到自己内心的想法。如果没有，或者在你受到充分的训练之前，你都可以暂停一下。简单地对对方说："暂停一下，我现在需要调整一下自己，因为我怕自己现在说的任何话都会妨碍我们双方的需要得到满足。"这时，你可以自行走开，与那些让你生气的评判背后的需要相联系，然后再回到刚刚的情境之中。

一旦你能够处理自己的愤怒，就可以对导致他人此种行为的内心感受和想法表示同理心的理解，这样做很有益处。如果在表达自己之前就能够做到这样，益处会更大。

愤怒出现时，管理愤怒的一个关键要素就是找出让你生气的评判，并能够迅速将之转化为评判背后的需要。通过练习找出评判，并将评判转换为需要，你可以锻炼自己的能力，在真实情境下能快速做到。我推荐的一个练习就是，将那种你生气时内心可能会有的评判列出来。也许，可以想想最近一次你生气的时候，你对自己说了什么使得自己很生气，将那些话写下来。

列好在不同情境下那些让你生气的事情的清单后，回过头去翻翻这份清单，问问自己："通过这个评判我所表达的自己的需要是什么？"你花越多的时间练习将评判转换为需要，就越有助于你在现实生活情境中快速地走完表达愤怒的这些过程。

□ 从满足需要的角度来说，惩罚从来不起作用

我想在对愤怒的讨论中加入"惩罚"的概念。这种导致我们愤怒的思维方式就是这种认为人们应该因为他们的所作所为而受苦的

想法。换句话说，我是在谈论我们对他人的道德评判，这些评判暗示他人有错、不负责任或不合时宜。所有这些评判本质上都暗示了人们本不该做他们已经做了的事，活该因此而受到某种形式的谴责或惩罚。

我相信，只要问两个问题，你就会发现，惩罚从来无法以建设性的方式让需要真正得到满足。第一个问题是：如果我们不希望他们做他们正在做的事，那我们希望他人做些什么呢？如果我们只问这个问题，惩罚看起来似乎管用，因为，如果我们因为孩子打妹妹而惩罚他，那也许可以让他停止这种行为。注意，我说的是，看起来似乎管用，因为通常这种因为他人做了什么事而对其进行惩罚的行为，实际上会激起这样的逆反心理：他们出于憎恶或愤怒而继续之前的行为。他们甚至有可能将这些行为持续得更久，比他们未受惩罚的情况下持续的时间更长。

但是加上第二个问题，我相信你就会发现，从满足需要的角度来说，惩罚从来不起作用，至少不会成为我们日后不后悔的原因。第二个问题是：我们希望他人是因为什么才做我们想要他们做的事情？

我认为我们都能在这点上达成共识：我们从来不希望别人做什么事只是因为他们害怕受到惩罚。我们不希望他们做这些事是出于义务或责任，出于内疚或羞耻，或为了得到爱。我相信，我们都希望人们只在他们愿意这么做时才做这些事，因为他们清楚地看到如果他们做了这些事，将如何使他们的人生更丰盈。其他任何促使做事的原因，都可能会让人们更难在未来善待彼此。

□ 杀人：对愤怒的肤浅表达

我的部分目的是展示非暴力沟通方法如何能帮助你充分表达愤怒。向我帮助过的许多群体说明这一点非常重要。通常我受邀去许多国家，都是去帮助那些觉得自己受到了压迫或歧视的群体，他们想要增强自己的力量去改变现状。这些人经常在听到“非暴力沟通”这个术语时有些担心，因为在过去，很多时候他们接触过的各种各样的宗教和训练通常都教他们要抑制愤怒，平静下来，不论发生什么都接受。这样的后果就是，他们对于任何告诉他们愤怒不好或愤怒应该被摒弃的说法都感到非常焦虑。当他们开始真正相信我所讲授的方法不希望他们以任何形式抑制愤怒、压迫愤怒、迫使它平息时，大大松了一口气。与抑制愤怒相反，非暴力沟通是一种充分表达愤怒的方式。

我常说，对我来说，杀人太肤浅了。对我来说，任何类型的杀戮、指责、惩罚或伤害他人，都是对愤怒的肤浅表达。我们希望有一些比从肉体上或精神上残杀或伤害他人更强有力的东西。这太弱了，我们想要一些比那更强有力的东西来充分表达我们自己。能够用非暴力沟通充分表达愤怒的第一步，是将对方与对我们愤怒的责任完全分开。就像我说的，这意味着摆脱任何认为他、她、他们那么做使得我们很愤怒的念头。当我们认为是别人的行为使得我们愤怒时就很危险了，也不大可能充分表达出我们的愤怒。相反，我们很可能通过责备、惩罚对方的方式肤浅地表达愤怒。

我向那些因为他人所做之事而想要惩罚他人的囚犯们展示，报复是对同理心的一种扭曲的呼吁。当我们觉得需要伤害他人时，我们真正需要的是，让那些人看到我们受到了怎样的伤害，看到他们的行为怎样给我们造成了痛苦。我帮助过的绝大多数囚犯从未从那些对他们不公的人那里得到理解，所以，让那些人受苦就是他们所能想到的最能释放自己痛苦的方法。

有一次，我向一个告诉我他想杀了某人的囚犯展示这一点。我说："我打赌，我可以向你展示比复仇更叫人高兴的东西。"

这个囚犯说："不可能，兄弟。这两年来唯一支撑我在监狱里活下去的就是想着出狱后找到他复仇。这是我此生唯一所求。他们会再把我抓回来，没关系，我所想做的就是出狱，让这个人也尝到受伤害的滋味。"

我说："我打赌，我可以向你展示比这更有意思的东西。"

"不可能的，兄弟。"

"你能给我一些时间吗？"

（我很喜欢这家伙的幽默。他说："兄弟，我有的是时间。"他会多待一会儿。这就是为什么我喜欢帮助囚犯的原因：他们不会急着要去赴什么约。）

不管怎样，我说："我想教给你的是除了伤害别人之外的另一个选择。我希望你扮演对方。"

马歇尔：这是我出狱的第一天。我找到了你，做的第一件事就是抓住你。

囚犯，作为他自己：这个开头不错。

马歇尔：我把你扔进一个椅子里，说："我要告诉你一些事，我希望你在我说完后告诉我你听到我说了什么。明白了吗？"

囚犯，扮演对方：但是我可以解释！

马歇尔，扮演囚犯：闭嘴！你听到我说的话了吗？我想要你复述我跟你说的话。

囚犯，扮演对方：好。

马歇尔，扮演囚犯：我带你来我家，待你如兄弟。整整八个月，我给了你一切，然后你却对我做了这样的事。我非常伤心，无法忍受。

【我好几次听这个囚犯说起这件事，所以扮演起他的角色来并不难。】

囚犯，扮演对方：但是我可以解释！

马歇尔，扮演囚犯：闭嘴！告诉我你刚刚听到了什么。

囚犯，扮演对方：在你为我做了所有这些之后，你感到很伤心。你希望除了所发生的事外能做点什么。

马歇尔，扮演囚犯：然后，接下来两年里，愤怒日夜啃噬着我的心，除了伤害你这个念头外没有什么可以满足我，你知道这是种什么样的生活吗？

囚犯，扮演对方：这么说来，这真是毁了你的全部生活，以至于两年里你所能做的一切就是被愤怒吞噬？

我们将这样的对话继续进行了几分钟，这个人为之深深动容。他说："停停停，你是对的，这正是我需要的。"

大概一个月后，我再去那座监狱，这个家伙已经像变了个人似的，在我进门时就等在那里了。他走来走去，说："嘿，马歇尔，上次你说当我们真的认为自己喜欢伤害人，或想伤害什么人时，真正的需要是对我们是如何受苦的的理解，你还记得吗？"

我说："嗯，记得。"

"今天你能再跟我慢慢说一遍吗？三天后我就要出狱了，如果我不把这点搞清楚，就会有人受伤。"因此，我的推测是任何一个喜欢伤害他人的人本身接触了太多的暴力——心理上的或其他方面的，而他们感受到的巨大伤痛需要得到理解。

□ 是什么导致了我们的感受?

再说一遍，进入我们意识的第一步，是认识到从来不是他人所做的事导致了我们的感受。那么，是什么引发了我们的感受呢？我认为，我们的感受是在特定情境我们对他人行为的解读导致的。如果我让你六点钟来接我，但是你六点半才来，我有什么感受？这取决于我怎么看待这件事。你比约定的时间晚了半小时并不会让我产生任何感受；让我产生某种感受的是我选择怎样解读这件事。如果我选择戴上评判的耳朵，那么，玩谁对谁错这个游戏就再好不过了。戴上这些耳朵，我就会发现某人有错。所以，是我们怎样解读这种行为以及我们赋予它什么意义导致了我们的感受。

与感受相连的还有另一种选择。戴上我的非暴力沟通之耳，我就不会想着是谁有错，不会在脑中进行心理分析，看错在你还是在我。

这些非暴力沟通之耳能够帮助我们与生命相连，与我们内在进行着的生命沟通。对我来说，通过审视自己的需要是什么，我们能够最为清晰地展现或抓住这种内在进行着的生命。因此，问问你自己："我在这种情况下的需要是什么？"与自己的需要相连后，你也许会有强烈的感受，但绝不会是愤怒。

愤怒是由疏远生命，或与需要断开联系的思维方式导致的。愤怒说明你在脑中选择分析对方的错误，断开了你和自己的需要之间的联系。但是，你的需要才是真正的诱因——它们是你感到愤怒的诱因。你没有意识到自己的需要，你的关注焦点在对方没有满足你的需要有什么错上。但如果与对方的需要相连，你永远不会愤怒。这并不是说你要压制你的愤怒，而是你根本不会有愤怒之感。

我认为，我们每时每刻的感受都是我们在以下四个选项中选择的结果：我们是否选择在脑中评判对方？是否选择在脑中评判我们自己？是否选择设身处地地理解对方的需要？是否选择理解我们自己的需要？是我们的选择决定了我们的感受。这就是为什么非暴力沟通要求在"因为"一词后紧接的一个重要的词是"我"，而不是"你"。例如，"我感到愤怒是因为我______"。这提醒我们，我们的感受不是因为对方做了什么，而是因为我们所做出的选择。

记住，我认为所有愤怒都是由疏远生命、挑起暴力的思维方式导致的。充分表达愤怒意味着将我们的全部注意力集中到未被满足的需要上来，我认为，从这个意义上来说，所有的愤怒都是正当的。有未被满足的需要存在，这是正当的；我是说，从需要没有得到满足的意义上来说，我们有权有某种感受。我们必须满足那个需要，我们需要这种能量来调动我们去满足那个需要。然而，我也指出，愤怒扭曲了那股能量，使之偏离满足需要的方向，转而进入惩罚性措施的方向。从这个意义上来说，它是毁灭性的能量。

□ 只需要掌握非暴力沟通法的策略原则

向你们说明一下，我所说的更多的是策略性的，而不是哲学性的。为了解释“策略性的”，让我们回到囚犯那个例子中去。我不是试图让他接受非暴力沟通方法的哲学原理，而是让他接受其中的策略原则。

当他说狱管没有回应他的请求时，我问：“好，那么，是什么使你愤怒？”他说：“我刚告诉你了，他们没有回复我的请求。”我说：“停，不要说‘我感到愤怒是因为他们……’停下来想想，是你对自己说的话让你这么生气。”但是因为没有哲学或心理学背景，他不习惯理清内心的想法。

所以我说：“停，慢下来，只是去倾听。内心在想什么？”

然后它出来了：“我在告诉自己他们不尊重人，他们是一群冷酷无情的官僚。”

他要继续说下去，但是我打断了他：“停，这就够了，足够了。这就是你愤怒的原因。”

然后我对他说：“正是你自己的这种想法让你感到非常愤怒。那么，现在将你的注意力集中到你的需要上来。在这件事情中你的需要是什么？”

他想了一会儿，说：“马歇尔，我需要得到我申请参加的那个培训。如果得不到培训，我坐在这里都可以非常肯定，自己在出狱后又会再回到这里。”

参与者二十一：我明白你所讲的，但是，我感觉这要求我得是个超人。愤怒好像就是这么瞬间爆发的，要能够真正通过这些步骤来思考似乎需要我比现在的自己更强大。

马歇尔：这个方法的全部要求就是闭嘴，并不需要你像个超级英雄一样。它所需要的只是闭嘴，在那种时候不要说任何意在指责对方的话，也不要采取任何惩罚对方的行动。只是停下来，除了呼吸和采取这些步骤外什么都不做。第一步——很大的一步——只是闭嘴。

参与者二十一：但是，在你之前举的例子中，当你等那个人来接你等了半小时，他们甚至还没到，我就已经开始焦虑不安，胡思乱想，你知道的，“简直不敢相信他竟然没来接我！难道我请他办的事他都不记得吗”，我就会这么想啊想，想啊想。

马歇尔：我的意思是，在那段时间里你可以找点能做的事来放松自己，那可以使你的需要更有可能得到满足。如果你完成了我们说的这些步骤，当他（或她）到那儿时你就能说一些更可能让他（或她）下次准时的话。我希望我说明白了，这不是什么超人的事。超人是试图压制愤怒、平息愤怒，而我们的真正目的是每时每刻都将我们的注意力集中在生命上。我们与内在的生命、此刻的需要相连，并关注他人内在的生命。

○ 例子：一位女士的愤怒

参与者二十二：我曾面临这样一个情况，当时我正在和一个人说话，第三个人加入谈话，然后他们聊起来，完全忽略我的存在。后来他发表了一个言论，大意是说更希望他们社区里都是白人。我特别生气，因为我没有使自己的需要得到满足，以继续享受正在进行的谈话。

马歇尔：现在，停一下。我怀疑——我对你因此而感到愤怒表示怀疑。看，我认为我们生气并非因为我们的需要没有得到满足。我认为，你生气是因为在那时你对那个人有些想法。所以，我希望你现在意识到当时你对自己说了什么，让你对那个人如此生气。

好，现在这儿有个人说："我宁愿这里只有白人。"而且，他跟别人说话，而不跟你说话。你感到愤怒是因为什么？是因为你告诉了自己什么？

参与者二十二：好吧，我问我自己："这个人在干吗啊，抢了我本来聊得好好的谈话？"

马歇尔：想想问题的背后："这个人正在干吗？"对一个人这么做，你怎么看？

参与者二十二：呃，这不是什么好的想法。

马歇尔：但我认为那个想法就在那里。我不是试图让你有某种想法，我只是想让你意识到我所预言的东西就在那里。也许一切都发生得太快了。

参与者二十二：不是，我当即感觉被排除在外了。

马歇尔：好，接近了。所以，你把他解读为将你排除在外。注意为什么“被排除在外”这个意象不是一种感受。这是一种解读，就像被遗弃，“我感觉被遗弃了”，“我感觉被忽视了”。因此，它更多的是种意象，你有这种自己被排除在外的意象。你还有什么想法吗？

参与者二十二：我觉得它不只是意象，因为他与另一个人谈话时有眼神接触，在那样的互动中他们没有跟我说话。

马歇尔：但是我认为我们有多种不同的方式看待这事，将你排除在外只是其中一种看法。还有其他许多可能的解读方式，每种方式都对你的感受有重大影响，所以，让我们再次慢下来。那时你还有什么想法，让你很生气？

参与者二十二：好吧，我对用“白人”这个词的人有一些想法。

马歇尔：很好，现在我们更接近了。那么，当有人以那种方式说到“白人”一词时，你想到了什么？特别是当他不看你而看着其他人时？

参与者二十二：当他们说“白人”时，我对自己说，他们不是指我。

马歇尔：所以他们有点把你排除在外了。

参与者二十二：实际上，他们的行为举止、身体语言和其他一切都给我传达了这个信息。

马歇尔：所以你相信他们把你排除在外是因为种族？对这么做的人你有什么想法吗？

参与者二十二：是的，有很多，我的意思是……

马歇尔：这就是我试图引导你说的。我在想，当时的那种行为激起了你那些想法，正是那些想法让你很生气。

参与者二十二：我觉得是这样。我同意你所说的。我认为正是那些想法和我实际上被排除在外的事实让我生气。

马歇尔：不，你实际上并没有被排除在外，这只是你自己的解读。事实——我将这种观察定义为事实——是，那个人和其他人有眼神接触。看，这才是事实。不管你是否将这一点解读为将你排除在外，是否将之解读为种族歧视，是否将之解读为这个人害怕你——这些都是解读，而事实只是，他没有看你。事实是，他说了一些关于白人的话。这些是事实。但如果你将之解读为排斥，而不是用其他方式来看待这事，那么，你就已经准备激起自己的各种感受了。

参与者二十一：那她怎么处理这种情况呢？身体语言在排斥她，谈话在排斥她。我是说，她怎么满足她自己的需要呢？

马歇尔：如果她的目的是充分表达她的愤怒，我会建议她意识到我们现在正在与什么作斗争，意识到是她对自己说了什么，让她如此愤怒。所以，在这件事中，听起来好像是她生气是由于她立即将之解读为自己因为种族而被排除在外了。这激起了她心中的各种想法："这样是不对的。你不应该因为种族而将人排除在外。"这种想法是不是有点深入心底？

参与者二十二：我觉得那样的想法来得要稍晚一些。我的直接经验是感觉自己像个隐形人，并感到困惑不解。我不明白为什么会这样。

马歇尔：嗯，所以，在这种情况下你的当即反应不是评判对方，而是感到困惑不解。你需要得到理解:“为什么会这样?”然后这种想法开始爆发。

参与者二十二:这时开始愤怒。

马歇尔:然后愤怒就袭来了,因为你开始有一些关于为什么会这样的猜测。你想充分表达出这份来自以下解读的愤怒:“嘿,等等,我想他们是因为种族而将我排除在外,我不喜欢这样。我认为这是种族歧视。我认为这不公平。我认为一个人不应该因为种族而被排除在外。”诸如此类的想法。

参与者二十二:是的。

马歇尔:好的,现在是第二步。第一步,安静下来,找到使我们生气的想法。第二步,与这些想法背后的需要相联系。所以,当你对自己说“我认为一个人不应该因为种族而被排除在外。我认为这不公平,这是种族歧视”时,我认为所有的评判——“种族歧视”这个词就是个很好的例子——都是对未被满足的需要的悲剧表达。

那么,在“种族歧视”这一评判背后有着什么需要呢?如果我评价某个人是种族主义者,我的需要是什么?我希望被接纳,希望拥有平等,希望获得和其他人一样的尊重和关心。

为了充分表达我的愤怒,我开口说了那些话,因为现在愤怒已经转变成为我的需要和与需要相连的感受。然而,表达这些与需要相连的感受对我来说比表达愤怒更可怕。

“那是种族主义者才会做的事。”要我说出这个一点也不难,我甚至有点喜欢这样说。但是,让我开始认真思考那种感受背后是什么却很可怕,因为对我而言,感受是与种族歧视密切相关的,那很可怕——但那是充分表达愤怒。

所以那时，我也许会开口对那个人说："你刚刚走进人群中，开始和其他人交谈，却不跟我说一句话。然后，我听到你关于白人的评论，真的觉得非常恶心，也很害怕。这激发了我想得到公平对待的所有需要。我希望你能告诉我你听到这些的感受。"

参与者二十二：实际上，我确实和那人有过类似的对话。我的沮丧和愤怒还没完全消失是因为我暂时只能做到这些。我有这种感觉，就是我经历了这所有一切，而那个人并不能理解这些。

马歇尔：如果我听得没错，你是害怕对方并没有真正了解和理解你在这件事情中的内心想法，对吗?

参与者二十二：没错。然后，我想，我把对"理解的鸿沟"的感受称为盛怒，多年来这种盛怒一直在郁积。

· 如何让他人理解我们的感受和需要？ ·

马歇尔：我们想从他人那里得到理解。所以，充分表达愤怒意味着我不仅要表达出愤怒背后的深层感受，还要帮助对方理解这一点。

要做到这点，我们必须锻炼开发一些技能，因为，要想得到另一个人的理解，最好的方法就是先给予这个人理解。看，我对这个人为何如此行事的理解越多，之后我能够让他回报和倾听我深刻经历的可能性就越大。要让他倾听我的经历很难，因此，如果我想让他倾听我，就需要先倾听他。

让我告诉你在那种情况中事情是怎样发展的。过去三十年里，我在种族主义方面很有经验，因为是我率先开始对有强烈种族立场的人使用非暴力沟通。不幸的是，直到今天，在我工作过的许多国家，这都是公民关注的头等大事。在世界上的许多国家，光头党和其他新法西斯主义群体使出行变得很不安全。这是个大问题，所以，我们需要更好地让这些人明白。

某个大清早，一辆出租车在机场接我和另一个人去城里。通过出租车司机的扬声器，我们听到："在某某街的犹太教堂接费舍曼先生。"坐在我旁边的那个男人说："这些犹太佬一早就起来了，这样他们就可以榨干每个人的钱。"我顿时给气得七窍生烟，因为这实在足以让我发狂。很多年来，我的第一反应都是将这人暴打一顿。所以大约有二十秒，我不得不深呼吸，为所有的伤害、恐惧、盛怒和内心的其他感受和想法而给予自己理解。

我倾听那些想法，意识到我的愤怒不是来自于他，也不是来自于他说的话。我的愤怒——我的恐惧之深——不可能被这样一句话激起，它的根源更深。我知道这和那句话无关，它只是刺激我像火山一样爆发。

因此我靠在椅背上，享受着我脑中进行的评判秀。我喜欢想象把他的头拧下来砸碎的样子。

然后，从我嘴里冒出来的第一句话是："你有什么感受和需要？"我想带着同理心理解他，想听听他的痛苦。为什么？因为我想让他知道，想让他看到，听他那么说时我是怎么想的。但我知道，如果我想要别人理解我的感受和想法，而当时他们自己内心正翻江倒海着，那他们就无法倾听我的感受和想法。因此，我想先与他那句话背后的生命能量相连，并对此表现出尊重和理解，因为我的经验告诉我，如果这么做，他可能就会倾听我。这并不容易，但是这样他才会倾听我。

我说："听起来好像你跟犹太人有过什么不好的打交道经历。"

他看着我，说："是的，他们很恶心，为了钱什么都做得出。"

"你好像很不信任他们，因此，当你和他们涉及金钱问题时，你需要保护自己。"

"是。"

他继续说了下去，我也一直倾听着他的感受和需要。

现在，你知道，当你关注他人的感受和需要时，不会有冲突。因为他的感受和需要是什么？听到他害怕、想保护自己时，我能够理解。我也有这样的需要，我也需要保护自己。我知道害怕是什么感觉。当我的注意力在另一个人的感受和需要上时，我看到了我们所有经历的共通性。我的想法和思维方式也许和某个人的相冲突，但我发现，听不到人们的想法时，我更喜欢他们。我还发现——特别是与有这样想法的人在一起时——如果只听到他们的内心，而不被他们脑中的想法困扰，我就可以更享受生活。

果然，过了一会儿，这个人开始尽情诉说他的悲伤和沮丧。我们还未反应过来，他已经离开犹太人的话题，转而谈到黑人和其他群体。他对所有这些都感到很痛苦。

在我默默倾听了大约十分钟后，他停了下来，感觉被人理解了。然后我告诉他我内心的感受和想法。

我说："你知道，当你刚开始说话时，我感到很沮丧、很失望，因为我跟犹太人打交道的经历跟你的截然不同，真希望你拥有更多和我这样的经历。你能告诉我你听到我刚才说了什么吗？"

“呃，你看，我不是说他们都……”

我说：“抱歉，打住，打住，你能告诉我你听到的我刚才所说的话吗？”

“你在说什么？”

“那么让我再说一遍我要说的。我希望你倾听，真正倾听，我听到你的话时感受到的痛苦。你能倾听我的痛苦对我来说真的很重要。我说我真的感到悲哀，因为我跟犹太人打交道的经历与你的不同，我只是希望你以后与他们打交道的经历能与你之前的经历不一样。你能重复一遍我的话吗？”

“呃，你是在说我没有权利那么说。”

我说：“不是的，我真的没想指责你。真的，我没有任何想指责你的念头。”

看，如果他听到任何指责，那就说明他并没有理解。如果他说“我这么说很讨人厌，很种族主义，我不该这么说”，这仍然意味着他没理解。如果他听到他做错了什么，那他还是没理解。我希望他听到，当他说那些话时我心中的痛苦。我想让他理解当他那么说时我的什么需要未被满足。我不想指责他，那太容易了。

因此，我们必须为此努力——必须在争吵中把评判的人拖出来，原因在于评判的人不习惯倾听感受和需要。他们习惯听到责备，然后要么是同意责备，进而厌恶自己，但这并不能阻止他们继续那样行事；要么讨厌你叫他们种族主义者，而这同样不会改变他们的行为方式。这就是我所指的需要另一方理解的含义。你也许得先倾听一会儿他们的痛苦。

当然了，在我能倾听这些人的痛苦前，多年来我不得不做了大量工作。海量工作！

参与者二十二：我仍然希望能够保护我自己。换言之，如果可以选择，我不会与那人说话，但是既然他进入了我的空间，我就有些被卷入其中了。所以，我不太确定你的意思是什么。

马歇尔：我是说，如果我们想对对方充分表达我们的愤怒，就会经历这些。但我不是说，我总是想对这么一人充分表达我的愤怒。通常我的需要可能是跟另外某个人聊聊这些，而忽视这个人。但是，如果我真的想对他充分表达我的愤怒，我会给予他他需要的理解，以便能够倾听当他那么做时我内心深处的感受和需要。这是我发现的真正充分表达我的愤怒、真正让那个人知道我的内心想法的最好方式。就像你指出的，仅仅把那些倾诉出来是不够的。我需要他理解，需要他怀着同理心倾听。但是，那并不意味着他必须同意我的看法，他甚至不必改变他的行为，我只是需要他听到我内心的感受和想法。所以，在那辆出租车里的二十秒，我的脑海里涌进来仿佛长达一辈子的想法，我就先歇着，享受那一切。

○ 享受你脑中的评判秀

以下是我在那种情况下内心的想法。不久前，我在某国，一个人以一种评判的方式狠狠地攻击我。这个人喋喋不休，对我说了一些很具评判性的话。接下来是我的反应。

【马歇尔沉默了一会儿】

然后我说："所以，你是真的感到很愤怒，你本想要怎样怎样的。"

这个人说："是的。"然后他又说啊说，说啊说。

下面这是我的反应。

【马歇尔再次沉默】

然后我说："所以，听上去好像你感到了那背后的一些伤痛，因为你本想要什么什么的。"

"是。"他又继续说了一大堆。

总之，这样的对话继续了好几次，这次停下来后，一位女士对我说："马歇尔，我从没见过比你更善良的人了。如果有人这样跟我说话，我肯定会揍他一顿。你怎么做到的？"

我说："我告诉你那会儿我心里想着什么。你记得第一句话吗？"

"记得。"

"我的第一反应是：'你再不闭嘴，我就要把你丫脑袋砸成稀巴烂！实际上，我怀疑你到底有没有脑子。'"

然后我对这位女士说："从那儿开始情况更糟了。我指的是，然后我脑子里开始产生一些很逼真的形象，开始意识到那人的话很像我小时候经历的一些嘲笑。我认识到在那反应背后，我有多么的恐惧。我从盛怒不已、想猛摇她，到意识到这背后的羞辱，所以，我就停下来，去倾听。触及到那种羞辱，那种被羞辱的恐惧时，我的身体有种解脱感。我转移注意力，开始关注她的感受和需要，然后才做到你听我说的那些。

"你记得她攻击我的第二句话吗？"

对方回答说：“记得。”

我说：“这是我的第一反应。”

当我告诉她我的第一反应时，她瞪大了眼睛，说：“我从不知道你原来这么暴力！”所以，几句话的交流后，我就从非常善良变成了非常暴力。

好吧，我身上两者皆有。我心中有大量的暴力，受到文化因素和其他因素的制约，所以，我很享受它。生气时我就休息一下，观赏我脑中的暴力秀。我听到所有那些我想说的暴力语言，看到那些我想对此人施加的暴力行为，然后我倾听这背后的痛苦。当我触及到这背后的痛苦，总会感到一种解脱。

然后我就可以将自己的注意力集中到他人的人性上。

我没有压抑任何东西——恰恰相反，我正享受着它，享受这场正在进行的秀，这场正在我脑中进行的暴力秀。我只是没有对此采取行动，因为付诸行动太肤浅了。如果打断他人说话、责备他人，我们就永远无法开始认真思考所有这些背后的痛苦；我就不能真正对他们充分表达出我的需要，让他们理解我。我们只会打起来，我也知道最后将怎么收场：即使赢了，我也不会感觉良好。所以，不，我想充分表达我内心的想法。

○ 给自己一点时间

参与者二十三：你曾提过，这是个缓慢的过程。你说你需要时间，需要时间给予自己理解。好吧，如果你正在试图和人谈话，同时你又需要处理时间的问题，在我看来好像你必须告诉对方：“等一下，我要想想才能回答。”因为你可能得慢慢想一下才能做出回应。

马歇尔：是的。像我之前说的，我带着一张我朋友的儿子的照片，照片中的他穿着一件T恤，上面写着“慢慢来”。这张照片对我来说是一个强有力的象征。于我，那也许是学习这个方法、学习如何依此生活的过程中最重要的一部分。慢慢来。

诚然，有时做出非自动的举动感觉很怪，但是我想慢慢来，这样我的生活能够与我自己的价值观相一致，而不是像机器人一样，自动执行着我成长的文化给我设定的程序——我就在这种文化中长大。所以，没错，慢慢来。也许感觉古怪，但是对我来说，这是我的人生，我将以自己想要的方式慢慢度过——即使我看起来很傻。

我的一个朋友，山姆·威廉姆斯，将这个方法记在一张3×5厘米的卡片上——就是非暴力对话中心现在卖的那种（我们从山姆那里得到的灵感）。在工作中他把这种卡片作为“小抄”。老板以评判性的方式对他时，他会慢慢来，停下来，看看手中的卡片，记住怎样回应。

我问他：“山姆，当你低头看手，还不慌不忙的，别人不会觉得你有点怪吗？”

他说：“其实那花不了我多少时间。但即使如此，我也不在乎。我想真正确定我在以自己想要的方式回应。”

但在家时，他就公开这么做了。他向孩子和妻子解释为何拿着这卡片：“我也许看起来很奇怪，也许需要很多时间，但这是我这么做的原因。”因此，当他们在家要吵架时，他会慢慢来。大约一个月后，他觉得不用卡片也可以了。

然后有一天晚上，他和4岁的儿子，斯科特，在关于电视的问题上发生了争执，情况不太顺利。然后斯科特说："爸爸，快拿卡片！"

□ 关于愤怒的18句话

我选择怎样看待事情，将极大地影响我是有能力改变它还是会使事情变得更糟糕。

他人做的任何事都不能使我愤怒。

我脑中凡是包含"应该"一词的想法都易引发暴力。

我认为，我们之所以愤怒并不是因为我们的需要未被满足，而是因为我们对他人有看法。

愤怒是由不自然的思维导致的自然感受。

我不是说评判他人是不对的，关键是要意识到是评判让我们愤怒。

即使你没有将评判大声说出来，你的眼睛也泄露了这种想法。

使用"我感觉因为我……"这个句式来提醒你自己：你有这样的感受不是因为对方做了什么，而是因为你所做的选择。

对我来说，我们能通过看看自己的需要是什么来清楚地领悟内在的生命。问问你自己："在这种情况下，我的需要是什么？"

与自己的需要相连时，我会有强烈的感受，但从来不是愤怒。我把所有的愤怒都视为疏远生命的、暴力的、挑衅式的思维的结果。

杀人太肤浅了。在我看来，对人的任何一种杀戮、责备或伤害都是对愤怒的肤浅表达。

我们的目的是每时每刻都将我们的注意力与生命、我们的内在生命相联系。我们此刻的需要是什么?他人此刻的想法是什么?

悲伤是一种调动我们来满足自己的需要的情感。愤怒则是一种调动我们去责备、惩罚他人的情感。

充分表达愤怒不仅意味着我要表达愤怒背后的深层感受,还意味着我要帮助他人理解我的感受。

要充分表达愤怒意味着将我们的全部意识调到未被满足的需要中来。

得到他人理解的最好方式就是也给予他们理解。如果想要他们倾听我的需要和感受,我需要首先倾听他们。

当我给予人们他们需要的理解时,就会发现,让他们倾听我不那么困难了。

愤怒是非暴力沟通中非常宝贵的一种情感。它是一座警钟,提醒自己,我现在的思考方式几乎可以保证我的需要铁定不会被满足。为什么?因为我的能量没有与我的需要相连,愤怒时我甚至都意识不到自己的需要是什么。

非暴力沟通实践篇
Living Nonviolent Communication

第五章

孩子也是独立的个体

如何与孩子进行非暴力沟通?

Living Nonviolent Communication

非 暴 力 沟 通 实 践 篇

我们向家长们教授非暴力沟通已有30多年了。我想与你们分享一些对我以及我接触过的家长们都有帮助的东西，还有我对于做家长这项美妙的、也极具挑战性的工作的一些心得。

首先，我想提醒你们注意，当我们允许“孩子”一词让我们对人的尊重不同于我们对不被称为“孩子”的人的尊重时，“孩子”这个词就很危险。让我解释一下我此处的意思。

多年来，在我举办的家长工作坊中，我总是首先将参与者分成两组，让两组人待在不同的房间里。然后给每组布置一个任务，让他们在一张大纸上写下他们和另外一个人在冲突情境下的对话。告诉两组的人这个冲突是什么，唯一的区别在于，告诉其中一组对方是他们的孩子，跟另一组则说对方是他们的邻居。

然后我们重新形成一个大组，看看这些写在不同的纸上的对话大纲。（我不让他们知道对方组的设置情境，所以每组人都以为情境是相同的。）

在他们浏览完两组的对话后，我问他们是否能发现这些对话在尊重和富有同情心的程度方面有差异。每当这时，与把吵架对象当作是邻居的那组相比，吵架对象是孩子的那组被认为在沟通中要少一些尊重和同情心。这令人苦恼地向他们揭示出，想非人化某人多么容易，只要把他或她当作“我们的孩子”就可以了。

□ 跟孩子也能进行非暴力沟通

曾经的一次经历真是加强了我对将他人当作孩子这种思维的危险性的认识。这事发生在某个周末之后，在那个周末，我同街头帮派和警察这两组人共事，给他们做调解。他们之间有相当多的暴力，请我做调解。我花了尽可能多的时间和他们在一起，处理他们对彼此的暴力，结束之后我感到筋疲力尽。开车回家时我告诉自己：“这辈子都不想再处于冲突中了！”

可是，我从后门进屋时，却发现我的三个孩子正在打架。我以我们在非暴力沟通中倡导的方式向他们表达了我的痛苦。我表达了自己当时的感受、需要和请求。我就是这么做的，我喊道：“听到现在的这些情况，我感到非常紧张！在经历了这一个周末后，我真的需要安静一下。现在，你们愿意给我这样的时间和空间吗？”

大儿子看着我，问道：“你想谈谈吗？”在那一刻，我在自己的思维中将他非人化了。为什么呢？因为我对自己说：“多可爱，一个9岁的小屁孩试图帮助他老爹。”但是，仔细看看我是如何因为他的年龄而忽视他提出的帮助的，因为我把他当作一个小孩。幸运的是，我看到这些想法正在自己脑海中，而且，也许是因为我在街头帮派以及警方之间做的工作给我展现了从标签而不是从人性来看人的危险，因而能更清楚地看到这些。

因此，我不再把他当作一个孩子并在心中想“多可爱”，而是看到一个人，对正处于痛苦中的另一个人伸出援手，于是我大声说：“是的，我想谈谈。”然后三个孩子跟着我到另一个房间，听我敞开心扉讲，看到人们会走到想要相互伤害的地步，仅仅是因为他们没有受过发现他人人性的训练，这是多么痛苦的事。谈了45分钟后，我感觉棒极了，我记得我们打开了立体声音响，像傻瓜一样跳了一会儿舞。

□ 作为家长我意识到的一点

我并非建议在想让人们迅速知道我们是在谈论某一年龄的人时也不用“小孩”这样的词。我说的是，当我们允许这样的标签阻碍我们将对方看作一个人时，在某种程度上，这种方式就导致我们由于所受的关于“孩子”的教育而将另一个人非人化。让我告诉你这个话题的延伸，“孩子”这个标签如何可能导致我们以一种很不幸的方式行事。

以我所受的教育来思考父母对子女的教育问题，我曾经认为让孩子听话是父母的工作。你看，在我所受的教育文化中，一旦你把自己定义为权威——老师或家长——就会觉得自己有责任让被你贴上“孩子”或“学生”标签的人以某种方式行事。

我现在觉得这个目的多么可能适得其反，因为我发现，不论何时，只要我们的目的是让他人以某种方式行事，人们就可能会抗拒，不管我们请求的是什么。不管对方是2岁还是92岁，似乎都是这样。

这个目的——从别人那里得到我们想要的，或让他人做我们想要他们做的事——威胁到了人们的自主权，即他们选择做自己想做之事的权利。每当人们感到不能自由选择自己想做的事时，即使他们知道我们请求的目的，而通常他们会愿意去做，但他们仍可能会抗拒，我们保护自己的自主权的这个需要是如此强大，以至于如果看到有人如此一意孤行、表现得好像他们知道什么对我们最有益，但却不让我们选择自己的行为方式，那我们就会抵抗。

□ 强迫和惩罚的局限性

我要永远感谢我的孩子们，是他们教育了我，让我看到意欲让别人做你想要的事这一目的的局限性。首先，他们教给我的是，我无法让他们做我想要的。我不能强迫他们做任何事。我不能强迫他们把玩具放回玩具箱，不能强迫他们铺各自的床，不能强迫他们吃饭。这对作为家长的我来说是有些羞辱的一课——意识到自己的无能为力——因为我脑中有这么一个想法，认为让孩子听话是父母的工作。而这些小孩给我上的这一让人羞愧的课是：我不能强迫他们做任何事。我所能做的，只是让他们后悔刚才没做我要求的事。每当我愚蠢到这么做时——也就是让他们后悔刚才没做我要求的事——他们教给我关于做家长和权力的第二课，多年来证明这是非常有价值的。这一课就是：每当我让他们后悔没做我要求的事时，他们都会让我后悔自己刚才的做法，因为暴力只会滋生出更多的暴力。

他们给我的教训是，使用任何强迫手段都会激起他们的抵抗，而这会导致我们的关系敌对起来。我不想和任何人关系敌对，特别不想和我的孩子，和那些我最亲近且对他们负有责任的人关系敌对。我最不想把惩罚作为对我的孩子的强迫手段之一。

这种惩罚观备受多数家长推崇。研究表明，80%的美国家长坚信应该体罚孩子，这与坚信应该保留对罪犯的死刑的人口比例差不多。因为有这么高比例的人认为在对孩子的教育中惩罚是正当且必要的，因此，多年来我有很多次机会和家长们探讨这个问题。到现在，我很高兴地看到：只要扪心自问以下两个问题，就有助于人们认识到任何一种惩罚的局限性。

问题一：我们想让孩子怎么做？如果我们只问这个问题，那看起来肯定是惩罚有时管用，因为，通过惩罚的威胁或施以惩罚，有时的确可以让孩子做我们想要他们做的事。

然而，据我一直以来的经验，当我们加上第二个问题，父母就会看到惩罚从不管用。第二个问题是：当孩子按我们希望的方式行事时，我们希望他们为何会这么做？正是这个问题帮助我们明白，惩罚非但不起作用，反而会阻碍孩子因为我们希望的那些原因行事。

因为惩罚的应用频度如此之高，又被认为是正当的，家长就只能想到其反面就是放任，就是当孩子的行为方式与我们的价值观不一致时，我们什么也不做。因此，家长只能这么想："如果我不进行惩罚，那就等于放弃了我自己的价值观，放任孩子为所欲为。”正如我将在下面谈到的，除了放任不管或惩罚这样的强制手段外，还有其他方式。

对此，我想说，奖励和惩罚一样具有强迫性。在这两种情况下，我们都是以权压人，迫使别人按我们想要的方式行事，试图以此来控制情况。从这点上来说，奖励和惩罚出于同一思维模式。

□ 放任不管和强迫之外的第三种方法

除了放任不管或采取强迫手段之外，还有一个方法，这需要我们意识到以下两种目的之间细微但重要的不同：第一种目的是让他人做我们想要的事，我不提倡这点；相反，第二种则是清楚地知道我们的目的，是要创造使每个人的需要都得到满足的必不可少的优质联系。

我的经验是，无论和孩子还是和成人沟通，当我们看到这两种目的的区别时——当我们有意识地不试图让他人做我们想要的事，而是努力互相关心、彼此尊重，让双方都认识到他们的需要非常重要，他们的需要和对方的幸福是相互依赖的——此时，让人惊讶的是，那些看起来没法解决的争端很容易就解决了。

创造使每个人的需要都能得到满足必不可少的优质联系，这种沟通与以强迫形式解决与孩子之间分歧的沟通非常不同。这要求不用道德语言评估孩子，比如对错、好坏，而改用基于需要的语言。

我们必须能够告诉孩子，不管他们做的和我们的需要是一致还是冲突，我们都必须以这种不会使孩子感到内疚或羞耻的方式来表达。因此，这就可能需要家长对孩子说“看到你打兄弟我很害怕，因为我需要保证家人的安全”，而不是“打兄弟是错的”。或者，可能需要从说“你不打扫自己的房间，真是太懒了”转换到“看到床没铺我很失望，因为我真的需要有人支持我保持房子整洁”。

这种语言的转变，把对孩子的行为以对错好坏区分的语言切换成基于需要的语言，这对我们中的有些人来说并不容易，因为这些人一直被老师和家长教育要从道德评判的角度来思考。这还需要我们在孩子遇到困难时能够陪伴他们，带着同理心倾听他们的想法，因为，当我们被训练成家长时，想要介入，给出建议或试图处理一切问题时，这就不容易了。

给家长培训时，我们关注那些可能引起孩子说“没人喜欢我”这种话的情境。当孩子这么说时，我认为他们需要同理心的理解。我这里的意思是尊重他们、理解他们，让他们觉得我们就在身边，在真正倾听他们的感受和需要。有时我们可以悄无声息地做到这一点，比如，只是通过我们的眼神，就让他们知道我们懂得他们的悲伤，理解他们需要改变与朋友的关系。有时我们可能需要大声说出来，比如，“嗯，你好像真的很伤心，因为你和朋友们在一起时不开心”。

但是，很多家长认为，自己作为家长，就得让自己的孩子一直开开心心的，当孩子讲述不开心的事时，他们会热切地问：“那么，你有没有看看自己做了什么可能让你和朋友们疏远的事呢？”

或不同意孩子的观点，说："呃，这么说可不对。你以前有朋友，我敢肯定，你会交到更多朋友的。"或给建议："也许，如果你换种和朋友说话的方式，他们会更喜欢你。"

他们没有意识到的是，所有的人，处于痛苦中时，需要的都是关注和理解。我们可能也想得到建议，但那是在我们得到理解之后。我自己的孩子通过自己的努力教给我这点，他们告诉我说："爸爸，请保留所有建议，除非你收到一个由公证人签署的书面请求。"

□ 奖励也有局限性

很多人认为使用奖励比使用惩罚更人性化。但我认为这两者都是将权力施加于人，而非暴力沟通是基于与人共享权力。在共享权力中，我们影响他人的方式并非是他们没有做我们想要的事就惩罚，反之则奖励。恰恰相反，这是一种基于相互信任、彼此尊重的权力，让人们敞开胸怀，倾听彼此，相互学习，相互给予，这一切都是出于自愿为了他人的幸福而付出的渴望，而非出于对惩罚的恐惧或对奖励的渴望。

通过坦诚交流我们的感受和需要，而不加任何形式的批评，我们就获得了这种权力——与人共享权力。我们做到这一点的方法是，以听起来不是命令或威胁的方式提出我们想要他人怎么做。正如我刚才所说，这还需要真正倾听他人试图传达的信息，并对之表现出准确的理解，而不是迅速插嘴、给出建议或试图解决问题。

对许多父母来说，我在这里谈论的沟通方式太与众不同，以至于他们说："呃，可是这样沟通看起来不自然啊。"就在我提出这些想法的时候，刚好读到了甘地写的一些东西，他说："不要将习惯和自然混淆。"甘地说，在我们的文化中，很多时候我们所学的沟通方式和行事方式是相当不自然的，但是它们已经成了习惯，因为我们业已由于各种原因被训练这么做。对我受到的关于与孩子的沟通方式的训练来说，这句话说得太对了。作为家长，我曾经学到的沟通方式就是通过判断对错好坏，广泛使用惩罚措施，而且，我很快对此习以为常。但我不会说，仅仅因为有些事已经变成了习惯，就意味着它们是自然的。

我认识到，让人们用一种充满理解与尊重的方式相互沟通，出于对彼此的喜悦而行事，而不是利用惩罚、奖励、指责或内疚等强迫手段，这才是更自然的。但是，这样的转变需要一定的觉悟和努力。

□ 改变你所习惯的沟通方式

记得有一次，那时，我正将自己与孩子的沟通方式从习惯性的评判转变成我正在倡导的这种。那天，我和大儿子起了冲突，我花了好一会儿才以我选择的方式，而不是以我习惯了的方式和他沟通那个问题。几乎所有进入我脑中的想法都是某种强迫性声明，这种声明的表现形式就是一个评判，对他所说的他拥有什么的评判。所以，我不得不停下来，深呼吸，想想如何更了解自己的需要和他的需要。这花了我好一会儿工夫，他感到很沮丧，因为他的朋友就在外面等着。他说，“爸爸，你这么久还不说话。”我说：“让我告诉你我很快就能说的话：按我说的做，否则，小心你的屁股！”然后他说：“不急，爸爸，慢慢来。”

所以，当事情与我自己的价值观不一致时，我宁可不急不躁，用我选择的能量和孩子沟通，而不是以我所学的方式习惯性地回应。可悲的是，周围的人让我们更强化了这种惩罚式的、评判式的行为方式，而不是尊重孩子的那种方式。

记得有一次感恩节晚餐时，我竭尽全力地以我倡导的方式与我的小儿子沟通，这很不容易，因为他在考验我的极限。但是我不着急，深呼吸，努力去明白他的需要是什么，我自己的需要又是什么，这样我才能以尊重他人的方式表达这些需要。另一位家族成员，他所受的教育是另外一种沟通方式。他一直观察着我与儿子的对话，在某一刻他凑过来，在我耳边低声说：“如果这是我的孩子，他就要后悔自己刚才说的话了。”

我和许多有过类似经历的家长交谈过，当他们试图以更人性的方式对待他们的孩子时，往往不是得到支持，而是遭到批评。人们常常将我说的误解为放任不管，或不给孩子提供他们需要的指导，而不是将之理解为一种全然不同的指导方式。这种方式来自双方相互信任，而不是一方想以自己的权威强迫另一方。

将我们的目的定为让孩子做我们想要的事，而不是让每个人都得到自己想要的，这样做，最不幸的结果之一就是，最终不管我们说什么，孩子都会觉得是命令。不论何时，只要人们听到的是命令，那就很难让他们关注他人请求他们所做之事的价值何在。因为，就像我之前说过的，这威胁到他们的自主权，而自主权是所有人都具有的强烈需要。人们希望能够去做某事是因为他们选择去做，而不是因为他们被迫去做。只要人们听到的是命令，那么，任何会让大家皆大欢喜的解决方法就会更难实现。

□ “家务战争”

例如，我的孩子们被分派了不同的家庭任务。我最小的儿子，布雷特，那时12岁，被要求每周倒两次垃圾，以便垃圾可以被垃圾清运工带走。这很简单，只要把厨房水槽下面的垃圾拎到屋前的草坪上就行了，垃圾清运工会将垃圾运走。整个过程可以在五分钟内完成。就是这么简单的活儿，却在该把垃圾拎出去时导致每周两次战争。

这个战争是怎么开始的呢？通常始于我叫他的名字。我会说：“布雷特。”但是我这么叫他时，当然他就能听出我已经开始生气了，因为我在批评他没有做他应该做的事。就算我叫他的声音大到两个街区外的邻居都能听到，而他是怎么让战争持续升级的呢？他假装没听见，尽管他就在隔壁房间。那么我怎么办呢？我当然更加生气了，也进一步升级。再次喊他的名字时，我的声音更大了，让他没法假装下去。他怎么做的呢？他问：“你想干什么？”我说：“垃圾没拎出去。”他说：“你很敏锐。”我说：“把垃圾拎出去！”他说：“我会的，等会儿。”我说：“你上回也是这么说的，但却没做到。”而他说：“那不代表我这次也做不到。”

看看在把垃圾拎出去这件简单的事情上我们花的精力！我们之间所有的紧张对立，都是因为那时我在脑中想着那是他的任务，他应该去做，他必须学会负责。所以，换句话说，我的话呈现在他面前就是命令。

如果人们认为他们不做某事就会受到惩罚或指责，他们就会把听到的请求当作命令。当人们这么想时，做某事的所有乐趣就都没有了。

有一晚，我开始领悟到这一点，于是和布雷特谈及这件事。我开始意识到自己的思维方式——认为自己知道什么是正确的，作为家长的任务就是让孩子听话——是多么有害。所以，那天晚上我们谈到倒垃圾的问题，这次，我学着如何更好地倾听，倾听他不做我让他做的事背后他的感受和需要。我清楚地看到，他有一种需要，即可以选择去做某事，而不是被强迫去做某事。

我认识到这点，便对他说：“布雷特，我们怎么解决这个问题呢？我知道过去我真是在下命令，当你不做我想要你做的事时，我就会将你评判为一个不愿意配合的家庭成员。那么，我们怎样从这些过去走出来呢？我们怎样达到能出于另一种能量为彼此做事的境界呢？”他提出了一个非常有用的办法。他说：“爸爸，如果我不确定你的话是请求还是命令，我就问你：‘这是请求还是命令？’你看这样如何？”我说：“哈哈，我喜欢这个主意。这会迫使我真的停下来，看看自己的想法，真正意识到自己是否的确在说：

‘嘿，我真的很希望你这样做。这会满足我的需要，但如果这和你的需要相冲突，我想听听你的需要是什么，然后我们想出一个办法来满足每个人的需要”。

他建议我停下来，真正看看自己内心的想法，我很喜欢这个建议。第二天，他去上学之前，我们有三次机会测试这一点。因为早上有三次我让他做什么事，每次他都看着我，问：“爸爸，这是请求还是命令？”每次我都审视内心，发现自己仍在发号施令，仍然有这种想法——他应该做这个，这对他来说是唯一合理的事。如果他拒而不从，我就打算更强硬，所以，他的提醒对我很有帮助。每次我都停下来，了解自己的需要，倾听他的需要，然后我对他说：“好的，谢谢你，这很有帮助。刚才是命令，现在是请求了。”他能体会出我前后的不同。这三次，他都毫无异议地去做了我请求他做的事。

人们听见命令时，就会觉得我们的关心、尊重和爱似乎都是有条件的，好像只有去做了我们想要他们做的事，我们才会关心他们似的。

向孩子传达无条件的爱与尊重

我记得多年前布雷特3岁的时候，有一次，我在想，我是否将一种无条件的爱传达给了他以及我的其他孩子。正当我在思考这个问题时，布雷特朝我走来。他走进客厅，我问：“布雷特，爸爸为什么爱你呢？”他看着我，立即说：“因为现在我把我的便盆放在厕所里了？”听到他的这个回答，我很伤心，因为太显而易见了。他怎么可能有别的想法呢？孩子做了和没做我想要他们做的事时，我的反应多么不同。

于是我对他说：“呃，我确实喜欢你那么做，但这不是我爱你的原因。”然后他说：“那，是因为我不再把食物扔地上了吗？”他指的是前天晚上他把食物扔在地上时我们之间发生的一个小争执。我说：“好吧，我的确很喜欢你把食物放在盘子里，但这不是我爱你的原因。”

这时他严肃起来，看着我，问：“那么，爸爸，你为什么爱我？”现在我在想，我怎么会跟一个3岁的孩子谈论“无条件的爱”这样抽象的话题呢？你会怎么跟他这样年纪的小孩解释呢？我脱口而出：“好吧，我爱你，只是因为你是你。”话一出口我就觉得：“这真是陈词滥调，又含糊不清。”但是他竟然听懂了。他听懂了我的意思，我从他脸上看到了这一点。

他高兴起来，看着我说：“哦，你爱我只是因为我是我，爸爸。你爱我只是因为我是我。”接下来的两天里，他几乎每十分钟就跑过来一次，拉着我，仰起头说：“你爱我只是因为我是我，爸爸。你爱我只是因为我是我。”

要传达这种无条件的爱与尊重，以及对他人的接纳，并不是说我们得喜欢他们做的事，得纵容他们而放弃自己的需要或价值观。它要求的是，当人们没有做我们请求的事时，我们同样尊重他们。通过换位思考，通过慢慢理解他们为什么不做我们想要的事，表现出这种尊重，然后我们可以计划如何影响他们，让他们愿意做我们请求他们做的事。在某些情况下，当人们的行为方式严肃而又威胁到我们的需要或安全，而我们又缺乏沟通的时间或能力时，我们甚至可能会使用强制力。而无条件的爱要求不管人们的行为方式如何，他们都相信会从我们这里得到某种理解。

□ 让孩子做好应对暴力沟通的准备

当然，孩子们经常会遭遇这种得不到无条件的接纳、尊重和爱的情况。他们所在学校的老师也许会使用一种基于其他思维方式的权威形式——也就是说，你需要自己赚取尊重和爱，如果你没有按某种方式行事，就活该受到惩罚或责备。因此，我们作为家长的任务之一，就是教孩子如何保持人性，甚至在其他人都使用强制手段的时候。

我身为家长，最快乐的日子之一就是大儿子去附近一所学校上学时。那时他12岁，刚刚结束在之前一所学校6年的学习。在之前的那所学校，我帮助培训那里的老师，那是一所基于非暴力沟通原则的学校，在那里人们做事不是因为惩罚或奖励，而是因为他们看到这是如何为他们自己和其他人的幸福做贡献的；在那里，是以需要和请求而不是评判来进行评价的。我很难过地说，现在他要去的附近这所学校的运行方式不是我喜欢的，所以，对在这样一所学校待了六年的他来说，这将会是一段非常不同的经历。

在他去这所学校之前，我教他试着去理解为什么这个学校的老师的沟通、行事方式可能不同，并教给他一些应对突发情况的技巧。他第一天放学回家来，我很高兴地发现他运用了我教他的东西。

我问他："里克，新学校怎么样？"他说："哦，还可以，爸爸。但是，天啊，有些老师实在是……"我能看出他很苦恼，便问道："怎么了？"

他说："爸爸，我还没跨进教室门半步——真的，我正要进门时——这个男老师看到我，跑过来冲我大叫："天哪，天哪！看看这个小姑娘！"那个老师有如此反应是因为看到我儿子那时及肩的长发。显然，这个老师的思维方式就是，他认为自己作为一个权威，知道什么是对的——有一种正确的发型。如果人们不以正确的方式做事，就必须羞辱他们，或让他们感到内疚，或惩罚他们去做正确的事。

听到孩子一进新学校就收到这样的"问候"，我很伤心，问道："那你是怎么处理的呢？"他说："爸爸，我记住了你说的——当你在那样的地方，千万不要把让你服从或反叛的权力交给他们。"嗯，我很高兴他在那种情况下还记得这条抽象的原则。我告诉他我很高兴他记住了我的话，接着问："你是怎么处理这个情况的呢？"

他说："爸爸，我也是按你的建议做的——当人们这么跟我说话时，我试图去倾听他们的感受和需要，而不将之视为针对我自己的评判。我只是努力去倾听他们的感受和需要。"

我说："哇，你想到这样做我真是太欣慰了！那你听到了什么呢？"

他说："爸爸，这很明显。我听到他很愤怒，想要我剪短头发。"

“哦。”我说，“那，让你以非暴力沟通的方式看待他这个信息，你有什么感受呢？”

他说：“爸爸，我真的为他感到难过。他头有点儿秃，似乎常为头发烦恼。”

□ “船长”游戏

在我的三个孩子分别为3岁、4岁和7岁时，我跟他们有段非常美好的经历。那时，我正在为老师们写一本书，关于如何建立这样的学校：与非暴力沟通的原则一致，与师生间的相互尊重原则一致，培养自主权和相互依存的价值观。作为我对建立这种学校的研究的一部分，我想更多地了解什么样的选择我们可以信任孩子来做，希望能够把这些决定交由孩子去做，这样他们就能够更好地培养自己在人生中做选择的能力。

这个时候，我想到一个好方法，那就是和孩子玩一个我们称之为“船长”的游戏。每天，我任命一个孩子为船长。轮到谁当船长时，我就会将许多通常由我来做的决定交由船长去做。但是我不会将这个决定权交给孩子，除非我准备好了无论他们怎样做选择我都能接受。正如我所说的，我在这个游戏中的目的是了解孩子会如何做选择，他们需要多久可以做出某些选择，哪些选择对他们来说可能不易做出。

举个例子来说明这个游戏是怎样进行的，以及对我来说又是一次多么好的学习经历。有一次，我带着他们去取干洗好的衣服。我付钱时，店里的那个女人递给我三块糖给孩子们。我立即意识到这是个把决定交由船长来做的绝佳机会。那个女人把糖递给我时，我说："呃，你能把糖给船长吗？"

当然，她并不知道我在说什么，但船长知道。3岁的布雷特走了过来，伸出手，她便把糖放在他手里。然后我说："船长，你能不能决定怎么处理这些糖？"

想象一下这个对一个3岁的船长来说很艰难的决定。布雷特手里拿着三块糖，同时，他的姐姐看着他，他的哥哥看着他。他做了怎样的决定呢？慎重考虑之后，他给了哥哥一块，给了姐姐一块，自己吃了一块。

我第一次把这个故事告诉一群家长时，一位家长说："好吧，但那是因为你教过他要学会分享。"我对这位家长说："哦，我知道不是那样的，因为在那之前的一个礼拜，他遇到过类似的情况，那时他把三块糖都自己吃掉了。你能猜猜他第二天怎么了吗？第二天，他认识到，如果不考虑其他人的需要，我们自己的需要也无法真正得到满足。他真的很快学会了相互依存这一课。看到孩子们真正有选择权时，这么快就发现如果不对他人的需要给予同样的关注，我们也无法真正关爱自己，我很激动。"

正如我曾说的，让家长放弃惩罚的观念并不容易。惩罚是必要的，这个观念在很多家长身上很是根深蒂固，他们想象不出当孩子的行为方式可能伤害自己或他人时，除了惩罚，他们还能做什么。他们想不出除姑息纵容、撒手不管或使用惩罚性措施之外，还有什么别的选择。

□ 强制力的使用

我认为，让这样的家长理解“强制力的保护性用法”这个概念，让他们看到强制力的保护性用法和惩罚性用法之间的区别很重要。什么时候我们可能必须对孩子使用某种形式的强制力呢？

需要使用这种强制力的情况是：没有时间交流，而孩子的行为可能对他们自己或他人造成伤害；或某个人不愿意谈话。所以，如果人们不愿谈，或者没时间谈，同时他们的行为方式和我们的某一需要——比如保护他人的需要——相冲突，那我们可能就得使用强制力。但是，现在我们需要明白强制力的保护性用法和惩罚性用法的区别。这两种用法的差异之一就是，强制力使用者的思维。

在强制力的惩罚性用法中，强制力使用者已经对他人进行了道德评判，这种评判暗示某种错误应该受到惩罚。他人就应该为他们所做的事受苦，这就是惩罚的全部理念。它源于以下这些观点：人类基本充满罪恶，正确的做法就是让他们忏悔。我们必须让他们看到，他们正在做的事有多可怕；而我们让他们悔过的方法就是使用某种形式的惩罚，让他们受苦。有时，这可以是打屁股之类的体罚，也可以是心理惩罚，通过让他们感到内疚或羞耻从而使他们憎恨自己。

强制力的保护性用法背后则是一种截然不同的思维方式。这里没有对方是坏人、活该受罚的意识，我们的意识完全集中在我们的需要上。我们知道自己的什么需要正处在危险中，但绝不会以任何方式暗示孩子不乖或有错。

这种思维方式是强制力两种用法的一个重要区别。这种思维方式又与第二个区别密切相关：目的。在强制力的惩罚性用法中，我们的目的是给对方制造痛苦和折磨，让他们为自己做的事感到后悔。而在保护性用法中，我们唯一的目的是保护。我们保护自己的需要，然后进行必要的沟通来教育对方。但是有些时候，也许有必要使用强制力来保护。

我举个自己的例子：孩子年纪还小时，我们住在一条繁华的街上。他们似乎被街对面发生的事情迷住了，但没有意识到随意窜上街去可能会发生的危险。我相信，如果我们有足够的时间来谈论这个问题，我能教育好他们，但这期间，我也害怕他们跑到街上去玩会出事。这就是一个强制力的保护性用法的例子——在真有什么严重事故发生前没有时间对此进行沟通交流，所以，我对他们说："如果看到你们哪个敢跑到街上，我就把你们关到后院里，这样我就不用提心吊胆怕你们被车撞了。"在我这番警告后不久，有个孩子忘了，跑上了街。我一把拎起他，把他扛到院子里，让他在那儿待着。这不是惩罚——院子里有很多可玩的，我们有秋千和滑梯。我并不是想让他受苦，只是想控制环境，以满足我对安全的需要。

现在许多家长问："可是，难道那个孩子不会觉得这是惩罚吗？"嗯，如果在过去，这确实算作惩罚，如果孩子经历过很多强制力用作惩罚的情况，那么，孩子的确会仍然将之视为惩罚。然而，关键在于，作为家长的我们知道这个区别，知道如果我们使用强制力，我们得确定这是为了保护而不是为了惩罚。

要记住保护性用法的目的，一个办法就是，看到控制孩子和控制环境之间的区别。在惩罚中，我们通过让孩子对自己的所作所为感觉糟糕来控制孩子，让他们为自己所做的事感到羞耻、内疚或恐惧。而在保护性用法中，我们的目的不是控制孩子，而是控制环境，以保护我们的需要，直到我们能够与孩子进行必要的良好沟通为止。这就有点像我们给房子安上纱门纱窗来以防蚊子叮咬。这就是强制力的保护性用法。我们控制环境，以防我们不希望发生的事情发生。

□ 成为互助社区的一分子

这里我倡导的养育孩子的方式与大多数家长的方式都不同。在惩罚大行其道的这个世界里，如果你不使用惩罚，也没有其他强迫形式的家长行为，就很容易被误解。要在这么一个世界里考虑完全不同的选择很难。成为互助社区的一部分很有帮助，这种社区理解我所讲的养育孩子的理念，在这个并不怎么支持我这种观点的世界里支持我继续这样做。

我知道，如果能从这种互助社区里得到很多理解——理解做父母有时候多么难，而落入窠臼又多么容易——我就总是更能坚持自己现在的观点。当有其他家长试图像我一样和孩子沟通时，能和他们聊天就是莫大的支持——倾听彼此的挫折。我还注意到，即使是在很困难的情况下，我越是这种社区的一分子，就越能在与孩子的沟通中坚持使用这个方法。

回报之一是我从我女儿那里得到的一个非常鼓舞人心的信息，那时她还很小。那是一个周日上午，一周里我唯一可以放松的时段，对我来说是非常宝贵的一段时间。就在那个周日上午，一对夫妇打电话给我，问我是否愿意见他们，给他们做咨询。他们的感情遭遇了危机，想让我帮帮他们。我同意了，而没有真正内观己心，看看自己的需要是什么，没有意识到自己多么痛恨他们侵占我的放松时间。我正在客厅给他们做咨询时，门铃响了，警察带进来一位年轻的女士。我曾经也给她做过咨询。警察发现她坐在铁轨上——她用这种方式让我知道她想见我。她太过腼腆害羞，不敢打电话来预约，这就是她的方式——坐在铁轨上，让我知道她遇到了困难。她比镇上任何一个人都清楚列车时刻表，所以她知道警察会在火车撞到她之前来把她带走。

警察走了，而我家厨房里她在哭，客厅里还有一对夫妇。我在两边来回穿梭，试图亲切地给两边做咨询。我从一个房间走到另一个房间，看着手表，希望工作结束后还能有一点时间留给自己放松放松，这时，楼上的三个孩子开始打架。所以我快步奔上楼，然后发现了一个有趣的现象。也许有一天我会把这个写进科学论文里：高度对疯狂行为的影响。因为，你看，在楼下我充满爱心，将自己的爱给予那对夫妇，给予另一房间里那位年轻的女士，但上了一层楼我就抓狂了。

我对他们咆哮道：“你们怎么回事啊？看不到我正在楼下接

待伤心的来访者吗？现在，回你们房间去！”三个孩子都回了各自的房间，砰的一声关上了门，声音大得让我无法相信。听到第一声“砰”，我很冒火；听到第二声，我更冒火了。但幸运的是，到第三声，不知为何，它倒帮我看到了这个情形的幽默之处：对楼下的人充满爱是多么容易，而对楼上的家人变得粗暴又是多么迅速。

我深吸了一口气，走进大儿子的房间；告诉他我很难过，因为我把一些气撒他身上了，而这些气真正针对的恐怕是楼下的人。他懂了，只是说：“没关系的，爸爸，不是什么大事儿。”我接着走进小儿子的房间，从他那儿得到了非常类似的回答。最后，我走进女儿的房间，告诉她我为刚才跟她说话的方式感到难过，她走过来，将头靠在我肩上，说：“没关系的，爸爸，人无完人。”

多宝贵的一句话啊！是的，我努力用一种充满关爱、善意和理解的方式与他们沟通，而他们对此表示感激。他们能够理解我，知道事情有时有多难，这多么让人宽慰啊。

所以，最后，我给大家一条获得自信的建议——这也是我女儿给我的：人无完人。记住，任何值得做的事，即使没有做好也值得。教育孩子的工作当然是非常值得做的，但有时我们也会做得不好。如果因为做不到完美，我们就粗暴地对待自己，那我们的孩子就会为此受罪。

我经常告诉那些我帮助过的父母，最糟糕的情况就是，有了孩子，并认为世上生来就有好父母。如果每次我们不那么完美时就责怪自己、批评自己，我们的孩子并不会从中受益。所以，我建议的目标不是成为完美的父母，而是成为逐渐不那么愚笨的父母——从每一次我们没有给予孩子们所需要的理解、每一次我们不能诚实地表达自己的经历中学习。我的经验是，每一个这样的时候通常都意味着，我们因为没有得到身为父母所需要的情感支持，所以无法给予孩子他们所需要的东西。

在某种程度上，我们充满爱地付出程度取决于我们所得到的类似的爱和理解。这就是为什么我强烈建议我们看看，怎样可能为我们自己创建一个互助社区，其中有朋友，以及其他能够给予我们所需的理解的人，而我们需要将这份理解以一种对彼此都有益的方式呈现给我们的孩子。

希望我在本章所说的内容能帮助你更接近自己心目中的理想家长形象。

非暴力沟通实践篇
Living Nonviolent Communication

第六章 实践灵性

对非暴力沟通灵性基础的思考

Living Nonviolent Communication

非 暴 力 沟 通 实 践 篇

每当谈到我最深的信仰——灵性，对上帝的认识和对爱的看法——总会出现两个主题：（1）极致的喜悦源于我们为自己和他人的幸福做出贡献，从而与生命相连；（2）灵性和爱，更多的在于我们的所为，而不是我们的所感。

人们经常问我是怎样达到这种境界的，我怎样理解其他人的宗教信仰，我对非暴力沟通实践有什么看法。以下内容节选自我对媒体采访和工作坊参与者所提问题的即兴口头回答，这些问题涉及灵性、神的概念、非暴力沟通的灵性基础，以及将非暴力沟通应用于社会变革。

◆问：我们怎样通过非暴力沟通与神相联系？

◇答：我认为，看到灵性是非暴力沟通的基础，并且要在学习非暴力沟通方法的技巧时将之记在脑中，这很重要。我试图展示的其实是一种作为生活方式的灵性实践。尽管我们没有强调这一点，但人们仍然被这种实践所吸引。即便把非暴力沟通当作一种机械的技巧来练习，他们也开始在自己与他人之间体验到以前无法体验到的东西。因此，他们终于来到了这个方法的灵性部分。他们开始看到，这不仅是一种沟通方法，实际上还是体现我们灵性的一种尝试。我曾试图通过抽象的哲学化将灵性融入非暴力沟通实践，这种方式可以满足我的需要，而不破坏其美。

我想要在其中生活的那种世界需要一些非常重大的社会变革，但是，我希望看到的这种变革很可能不会发生，除非为此努力的人们产生另一种灵性，而不是现在置我们于困境中的这种灵性。因此，我们的培训是为了帮助人们确信，指引他们的灵性是他们自己选择的，而不是在文化环境中内化而成的，他们出于这种灵性而不断进行社会变革。

◆问：“上帝”对你而言意味着什么?

◇答：我需要一种对我管用的思考上帝的方式——需要以其他词语或方式来看待这种美、这股强大的能量，所以，我给上帝取名为“至爱神圣能量”。有一段时间“上帝”于我而言只是神圣能量，但是之后我读了一些关于东方宗教的书和一些东方诗歌，他们与这种能量形成私密而充满爱的联系，这种方式我很喜欢。然后我发现，将之命名为至爱神圣能量充实了我的生活。对我来说，这种能量就是生命，与生命相连。

◆问：你最喜欢以怎样的方式了解至爱神圣能量?

◇答：就是我与他人相联系的方式。我通过特定的方式与人相联系，以了解至爱神圣能量。我不仅看得见神圣能量，还能品味它，感觉到它——我自己就是神圣能量。当我以这种方式与他人相联系时，我就与至爱神圣能量相联系了。此时，上帝对我而言鲜活无比。

◆问：什么宗教信仰、教义或作品对你影响最大？

◇答：很难说这世上各种宗教中哪种对我影响最大。也许是佛教对我影响较大一些。我非常喜欢我所理解的佛教，或是引用佛教说法的人。比如，佛说得很清楚：不要沉湎于你的技巧策略、你的所求所欲。这是我们的训练中非常重要的一部分：不要把真正的人类需要和我们所学的满足需要的方式搞混。所以，注意，不要混淆你的方式和需要。比方说，我们不需要新车，但有些人也许会买新车，以此作为一种满足其对可靠性或内心宁静的需要的策略。但是你得当心，因为社会会诱使你落入这样的思维，认为新车是你真正需要的。我们训练的这一部分与我对佛的理解是一致的。

我研究过的几乎所有宗教和神话都传达着一个相似的信息，正如神话学家约瑟夫·坎贝尔在其某本书中所总结的：不要做任何无趣之事。它们所谓的“乐趣”是指愿意为生命做贡献。所以，不要为了避免惩罚、得到奖励而做任何事，也不要出于内疚、羞耻以及责任与义务等恶意的概念而做任何事。当你看到自己的所作所为是如何使得人生更丰盈时，你所做的将会成为一种乐趣。我不仅从对佛教的理解中，也从我所了解的伊斯兰教、基督教和犹太教中得到了这个启示。我认为这是一种自然的语言。做那些能对生命有所贡献的事吧！

◆问：难道宗教和灵性的影响不会增加人的被动性，或者说造成一种“大众麻醉”效应吗？

◇答：我非常担心任何一种允许我们舒服地坐在那里，说“但是我在帮助这个世界。单单从我身上散发出的能量就能进行社会变革”的灵性。我信任的灵性是那种能够指引人们前去改变世界的灵性，而不是仅仅坐在那里空想这种辐射能量的美丽意象。我想看到当人们走出去，促使事情发生时，那种反映在人们行动中的能量。它是你所做的事，一种实践的灵性。

◆问：那么，非暴力沟通的部分来源是灵性咯？

◇答：非暴力沟通源于我意识到至爱神圣能量，以及如何与至爱神圣能量相联系的尝试。我曾经选择了临床心理学，但对自己在这个领域所学到的知识感到不满，因为这门学科过去是、现在仍然是以病理学为基础，而我不喜欢这门学科的语言。它没有给予我对人性之美的认识，因此，在获得学位后，我决定更多地往荣格和马斯洛的方向发展。

我决定问自己这些吓人的问题：“我们是什么？我们应该是什么？”我发现心理学中很少有关于此的内容，便上了一门比较宗教学的速成课，因为我发现这门学科更多地关注这些问题。“爱”这个字不断出现在各个宗教里。

我曾经常常听到的“爱”这个字，因为很多人用——比如，在宗教意义上，“你应当爱每一个人”。我曾经格外嫌恶这个字。“噢，对呵，我应该爱希特勒？”那时我还不知道“新时代胡扯”

这个词，但我当时用了同义的词。我试图更好地理解爱的含义，因为我看到，它对大千宗教里的大千人群而言有着太多的意义。它是什么？你又如何“践行”这份“爱”？

非暴力沟通真的来自于我对理解爱以及如何表达爱、践行爱的尝试。我得出的结论是，它不仅仅是我们感受到的东西，还是我们所展现的、践行的、拥有的东西。爱怎么表现出来呢？以某种方式奉献自己。

◆问：你说的“奉献自己”是什么意思？

◇答：对我而言，“奉献自己”是一种对我们当下内心想法的坦诚表达。它使我对每种文化中人们打招呼时说的话很感兴趣：“你好吗？”英语中人们说How are you？西班牙语中是Cómo estás？用法语则是Comment allezvous？用德语则是Wie Geht es Dir？作为一种社会礼仪，我们说这句话，但这是个非常重要的问题，因为，如果我们要想活得宁静、和谐，要想乐于为彼此的幸福做贡献，就需要知道彼此内心的想法。这个问题如此重要。在任何时刻都能够知道某个人内心的想法，这该是多么珍贵的礼物啊！

将自己作为礼物给予他人即是爱的体现。当你能在任一时刻赤裸坦诚地展现自己，只是为了展现内心的想法，没有其他目的时，这便是一份礼物。不去指责，不去批评或惩罚，而只是“我在这里，这是我想要的”，这是我此刻的弱点。于我，这是体现爱的方式。

我们奉献自己的另一种方式是通过我们倾听他人。要带着同理心去倾听，与此人此时内心的感受和想法相沟通，不做评判，只是倾听对方此时的感受和想法，以及他所想要的。

所以，非暴力沟通只是对我所理解的爱的体现。这样，这就类似于犹太教和基督教共有的观念：“爱邻如爱己”和“切勿乱评判他人，以免自己被人评判”。

◆问：非暴力沟通是源自你对体现爱的渴望吗？

◇答：心理学中的实证研究界定了健康关系的特点，这一点对我很有帮助。而对那些相爱之人的爱的体现的研究，也让我受益匪浅。147根据这些资源，我整合出了一种方法，这种方法有助于我以自己所理解的充满爱的方式与人相联系。

然后，我看到当我真的以这种方式和他人相联系时会有什么结果。这种美，这种力量，将我与我所说的至爱神圣能量连接起来。因此，非暴力沟通帮助我与自己内在的，也与他人内在的美丽神圣能量保持联系。当然，当我自己内在的神圣能量与他人内在的神圣能量相联系时，就会懂得如何与上帝相联系。

这有助于我们记住，非暴力沟通的一个关键目的就是，以一种促发善意的给予的方式和其他人联系——从而和神圣能量联系。这种给予出于自愿，这样，我们为自己和他人服务就不是出于责任或义务，不是因为害怕惩罚或期待回报，不是因为感到内疚或羞耻，而是因为我们的天性——乐于给予的天性。在非暴力沟通中，我们允许展现自己的天性，并以这种方式努力与他人联系。

当我说乐于给予是我们的天性时，有些人也许会想，我是不是有点天真，不知道这世上的暴力。看看正在发生的事，我怎么能认为我们的天性是乐于善意地给予呢？不巧的是，我看到了暴力。我曾在卢旺达、以色列、巴勒斯坦和斯里兰卡这样的地方工作，对暴力了如指掌。但是，我不认为这是我们的天性。

在我工作的每个地方，我都会问人们以下这个问题："想想过去24小时里你做过的事，有什么事在某种意义上为使某个人的人生更美好做了贡献？"当他们回忆起某事时，我便会问："现在，当你们意识到自己的行为曾让某个人的人生更美好时，你们感觉怎样？"每个人都在微笑。意识到我们拥有使人生更丰盈的力量，这种感觉很美好——为生命服务的感觉真好。

然后我又问这些人："有谁能想出还有什么事比我们这样努力更能充实人生吗？"我在全世界都问过这些问题，大家似乎达成了共识：没有什么比这更好，没有什么比这感觉更好，没有比努力为生命服务、为他人的幸福做贡献更让人愉快的事。

◆问：你怎样防止"自我"干涉你与上帝的联系？

◇答：通过与我们的文化对我们训练而成的思维和沟通方式相近的方式来看待自我。这种文化是如何以一定的方式训练我满足自己的需要，混淆我的需要和我可能用来满足自己的需要的方法的。所以，我对文化给我设定的三种做事方式努力保持清醒。我在设定程序作用下做的这些事并非对自己最有利，更多的是让自我而不是让我与神圣能量的连接发挥作用。我努力学习不同的方法，训练自己认识到这种文化性习得的思维方式，并将这些也融入到了非暴力沟通中。

◆问：所以你认为，我们文化的语言阻碍了我们更深入地了解我们的神圣能量？

◇**答：**嗯，正是这样。我认为我们的语言，特别是我们大部分人所受的文化教给我们的语言，以及“上帝”这个词让许多人引发的联想，使我们很难了解神圣能量。教授非暴力沟通这些年来，我发现，最难克服的地方是评判性的思维方式。我教过的那些人都受过教育并且有宗教信仰，他们如果喜欢非暴力沟通，就会很容易说这是“正确的”沟通方式，很容易认为非暴力沟通就是目的。

我改编了一个与这个问题有关的佛教寓言。想象一个完美无瑕的圣地，然后想象你在这样的地方可以真正了解上帝。再假设在你和那个地方之间隔着一条河，虽然你很想去那个地方，但你必须先过河。于是你找到了一个小筏子，对要过河的你来说，这个筏子真是很给力。一旦你过了河，再走几公里就能到达那个美丽的地方了。但是，这个佛教寓言的结尾是这样说的：“那些过了河却仍然背着这个筏子走到圣地的人是傻瓜。”

非暴力沟通是一种工具，帮助我忘掉我曾受的文化训练，这样我才能够到达那个地方。非暴力沟通不是那个目的地。如果我们沉溺于筏子，对筏子恋恋不舍，那就更难到达目的地。只是学习非暴力沟通方法的人们有时却忘记了那个目的地。如果太局限于筏子，这个方法就变得机械死板了。

非暴力沟通是我发现的最厉害的工具之一。我们与人相联系的这种方式有助于我们与上帝相联系，我们为彼此所做的事都是出于神圣能量。这才是我想到达的地方。

◆问：这是不是非暴力沟通的灵性基础?

◇答：对我来说，灵性基础就是我努力与他人身上的神圣能量连接，将他人内在的神圣能量与我内在的神圣能量连接起来。因为我相信，当我们真正与我们自己，以及他人身上的神性连接时，我们就会乐于为他人的幸福做贡献，胜于其他一切。所以对我而言，如果我们和自己以及他人心中的神性相连，我们就会喜欢这个结果——为他人的幸福做贡献，这就是非暴力沟通的灵性基础。在这里，暴力是不可能发生的。

◆问：是否因为缺乏与神圣能量的联系导致了世上的暴力?

◇答：我会这么说：我认为，我们受到恩赐，可以选择去创造我们想要的世界。我们被赐予这个宏大而又丰盛的世界，来创造一个充满喜悦和关爱的世界。对我来说，当我们与这种神圣能量疏远或失去联系时，暴力就会产生。

当我们所学的都是断开联系时，还怎么能形成联系呢？我认为，是我们的文化条件作用和教育，尤其是我们受到的关于上帝的教育，将我们和上帝隔离开了。而且我认为，暴力的产生是由于我们受教育的方式，而不是由于我们的天性。根据神学家沃尔特·温克的说法，大约八千年来，我们受教育的方式都让我们认为暴力会让人愉快，使我们脱离了善的天性。

为什么我们受教育的方式是这样的？这就说来话长了，此处略去不谈。我只说这始于很久以前就萌芽发展的关于人类天性的神话故事——在那些故事里，人类本质邪恶自私，而美好的生活源于英雄行为挫败邪恶势力。温克写到主导文化是如何利用某些关于上帝的教义来维持压迫的，这就是为什么神职人员和国王总是紧密相连。国王需要神职人员为这种压迫正名，以某些方式解读神的篇章，而这些方式将惩罚、主宰等正义化了。

所以说，我们已经在一种毁灭性的神话中生活很久了，那种毁灭性的神话需要一种特定的语言。它需要一种将人非人化的语言，将人变成物体。我们学会了从对他人的道德评判角度来思考，我们的意识中有对、错、好、坏、自私、无私、恐怖分子、自由战士这样的词。与这些相连的，是基于“应得”的正义观——如果你做了这些坏事，就应该受到惩罚；如果你做了好事，就应该得到奖励。

不幸的是，八千年来我们都臣服于那样的意识。我认为这才是世界上存在暴力的核心原因：错误的教育。非暴力沟通方法是将我认为更接近我们天性的思想、语言和沟通融于一体，帮助我们与他人联系，以便我们回归真正有趣的生活方式——为他人的幸福做贡献。

◆问：我们如何克服这种文化条件作用?

◇答：我经常待在身陷痛苦的人中间。记得有一次，我和20个塞尔维亚人、20个克罗地亚人在一起。其中一些人的家人被对方的人所杀，他们两派可以说是世仇。他们花了三天来向对方表达各自的愤怒和痛苦。幸运的是，我们在那儿待了七天。

在谈到非暴力沟通的力量时，我还没使用过的一个词就是“必然性”。很多次我都看到，不管曾经发生了什么，如果人们能以这种方式与彼此联系，最后都必然会乐于为彼此奉献。这是必然的。

对我而言，我的工作就像看魔术表演，妙不可言。

但是有时，这种神圣能量发挥作用的速度没有我想象的那样快。我记得自己坐在那儿，身陷愤怒和痛苦之中，心想：“神圣能量啊，如果你可以治愈所有这一切，为什么要花这么长时间？你为何让这些人遭此痛苦？”神圣能量则对我说：“你只要尽你所能去联系。将你的能量带入，联系并帮助其他人联系，剩下的交给我来处理。”尽管大脑的一部分这么想着，但我也知道，如果我们能继续保持与我们自己、与他人的神圣能量联系，喜悦是必然的。

结果出现了，美妙无比。最后一天，每个人都在谈论喜悦。其中很多人说：“你知道的，经历过那些，我以为自己再也不会感受到喜悦。”这是每个人都在谈论的主题。那20个塞尔维亚人和20个克罗地亚人，七天前还处在不可想象的痛苦关系中，那天晚上却跳着对方的舞蹈，唱着对方的歌，共同庆祝人生的喜悦。

◆问：我们要通过认识上帝来获得这种与彼此的联系吗？

◇答：我想与那种对上帝的理性认识保持距离。如果说“认识上帝”是指我们与至爱神圣能量的密切联系，那我们的每一刻都会像在体验天堂。

我从对上帝的认识中得到的天堂就是这种必然性，知道这是必然的——不管发生什么，如果我们能与他人达到这个层次的联系，如果我们彼此的神圣能量相互联系，那我们必然会乐于给予，回馈生命。因为我曾经和人们一起经历过丑恶的事情，所以，对此我不再怀疑。这是必然的。如果能有那样的良好联系，我们会喜欢它将要带领我们到达的地方。

我再说一遍，我们所需要做的只是让双方都了解对方的需要。对我而言，这些需要是与神圣能量相联系最快、最近的途径。每个人都有同样的需要。生命不息，需要不止。

◆问：我们到底如何才能和神圣能量、和他人相联系呢？

◇答：这个方法有两个基本部分。第一部分是学会以生命的语言表达我们自己。第二部分是学会如何回应他人的信息。在非暴力沟通中，我们努力将注意力集中在回答两个关键的问题上：我们内心的感受和想法是什么？我们能做些什么以使人生更美好？

第一个问题“我心中的感受和想法是什么？你心中的感受和想法是什么？”是全世界的人与人见面打招呼时都会问彼此的问题：“你好吗？”

可悲的是，尽管很多人问这个问题，却几乎没什么人真的知道如何很好地回答这个问题，因为我们没有学过生命的语言，也没有人真正学过如何回答这个问题。是的，我们问出这个问题，却不知道怎么回答。正如我们将看到的那样，非暴力沟通告诉我们如何让别人知道我们内心的感受和想法，让我们知道怎样和其他人心中的感受和想法联系，即使他们缺乏表达这些的语言。

◆问：我们怎么表达内心的感受和想法？

◇答：表达我们内心的感受和想法需要三个层面的表达能力。第一，需要能够回答“你内心的感受和想法是什么”这个问题，而不混入任何评价。这就是我所谓的观察。人们做的什么事是我们喜欢的，什么事又是我们不喜欢的？这是沟通的重要信息。要告诉他人我们内心的感受和想法，就需要告诉对方，他们正在做的什么事支持了我们的人生、什么事无益于支持我们的人生。但是，学会如何不混入任何评价地向他人表达这个信息很重要。所以，这就是告诉他人我们内心感受和想法的第一步：能够引起他们的注意——具体的、特定的——注意到他们所做的事，哪些是我们喜欢的，哪些是我们不喜欢的，并且不混入任何评价。

记住对这个人所做之事的观察，如果要运用非暴力沟通，我们就会想对那个人坦诚地说出我们的观察。这和告诉别人他们有什么错的那种诚实不同，这是发自内心的坦诚，而不是暗示对方哪儿有错的诚实。我们想走进他人心里，告诉他们当他这么做时我们内心是什么感受和想法。这涉及到我们需要的其他两种形式的表达能力：表达感受的能力和表达需要的能力。要做到任何时候都清楚地表达自己内心的感受和想法，我们就必须清楚自己的感受和需要。让我们从感受说起。

我们每时每刻都有感受。问题在于，我们没有学会如何意识到自己内心的感受。我们的意识转而向外看，看权威认为我们是什么样的。我们表达感受的方法有很多，这取决于我们所成长的文化环境，但重要的是，拥有真正描述我们内心感受而不包括对他人的解读的词汇。我们可不想使用“误解”这样的词，因为这不是一种感受，而更多的是我们在分析对方是否理解了我们。如果认为某人误解了我们，有时我们就会很愤怒、沮丧——可以是很多不同的感受。同样，我们也不想使用“被操控”或“被批评”之类的词。这些词不是我们训练中用来描述感受的词汇。遗憾的是，没什么人拥有很多表达感受的词汇，我在工作中经常看到人们为此付出的代价。

它真的是你内心感受、内心想法的表达吗？确定它不是对他人的判断。走进你自己的心里。他人那样做，你有什么感受？

◆问：你是说仅仅告诉别人我们感受如何吗？

◇**答：**不是的，如果我们试图暗示正是他人的行为导致了我们的感受，那么感受会以一种破坏性的方式被利用。我们产生感受的原因是我们的需要，而不是对方的行为。这是我们表达内心感受和想法的第三个要素：需要。与我们内心的感受和想法相联系就是与我们自己的神圣能量相联系。

我6岁时，每当有人骂我们（译注：英文中call sb. names意为“骂人”），我们往往会这样说：“棍棒和石头会打断我的骨头，但名字从来不会伤害我。”我们那时就意识到了，不是他人做的什么事，而是你对待它的方式，可能会伤害到你。但是，我们受到的教育却是内疚诱导式的——权威人士、教师、家长利用内疚促使我们去做他们想让我们做的事。他们会这样表达感受：“你不打扫自己的房间，这让我很难过。”“你打弟弟，这让我很生气。”教育我们的这些人试图让我们觉得我们对他们的感受负有责任，这样我们就会感到内疚。感受很重要，但是我们不想这样利用感受，不想以一种内疚诱导的态度来利用感受。在表达自己的感受时，有一点非常重要：跟随自己的感受，清楚地知道我们的感受源于我们的需要。

◆问：是什么使人们无法直接说出他们的需要？

◇答：就像许多人很难培养表达感受的能力一样，他们也很难培养表达需要的能力。事实上，许多人对需要有着很负面的联想。他们总把需要和贫穷、依赖、自私联系起来——在这里我又得说，我认为这是由历史原因造成的，我们的教育从来都是教人们很好地融入统治结构，以服从权威。因为人们了解自己的需要后就不再是好奴隶了。我上了二十一年学，记忆中从没有人问过我我的需要是什么。我所受的教育关注的不是帮助我生活得更好、与自己和他人的联系更紧密。它感兴趣的是，在我回答出了权威们制订的正确答案时给我奖励。看看你用来描述需要的那些词语。需要与特定人群的特定行动并无任何关联，它是普遍存在的，所有人类有着同样的需要。

让人惊奇的是，当我们能够在需要层面相联系，看到彼此的人性时，那些看似无法解决的争端都能迎刃而解。我帮助过许多处于冲突中的人——丈夫和妻子，家长和孩子，不同的部落——这其中的许多人都认为他们有着无法解决的冲突。这些年来我一直在做着冲突的解决和调停工作，让我惊喜的是，当你能让人们忘掉对彼此的评判，在需要层面与彼此内心的感受和想法相联系时，那些看似永远不可能解决的冲突几乎都自行解决了！

◆问：那么，感受和需要的下一步是什么呢？

◇答：我们刚谈了回答“我们内心的感受和想法是什么”这个

问题所需的三个必要信息，表达了我们所观察到的、所感受到的，以及与我们感受相连的需要。

这就引入了与第一个问题相关的第二个问题："我们怎样做才能使人生更美好呢？"你能做些什么让我的人生更美好？我能做些什么让你的人生更美好？这是与我们内心神圣能量相连的第二步：怎样与对方心中的感受和想法建立同理连接，以便让对方的人生更美好。

让我给你解释一下同理连接的意思。当然，同理心是一种特殊的理解。这不是头脑的理解，头脑的理解意味着我们只是在智力上明白了他人所说的。这是一种更深刻、更宝贵的东西。同理连接是对心的理解，在那里我们看到对方的美，对方内在的神圣能量，对方内在鲜活的生命。我们与之相连，不是在头脑中理解它，而是与它相连。

这不是说我们必须感受到和他人一样的感受，那是同情——我们感到悲伤，也许是因为另一个人正难过。这不是说我们必须得有相同的感受，而是我们与那个人在一起。

这种理解需要我们当下的关注，这是一个人能给予他人最宝贵的礼物之一。如果只是试图在智力上理解他人，那么，此时我们并没有与他们在一起。我们坐在那里分析他们，却没有和他们在一起。因此，同理连接需要与那个人此时此刻的感受和想法相连。

◆问：是什么妨碍了你所说的我们与彼此的内在生命相联系?

◇答：我们所受的教育是，认为我们自己有问题。我想建议你们永远、永远、永远不要去听别人对你的看法。我敢预言，永远不听别人对你的看法，你会更长寿，更享受生活。千万不要将之视为针对你。我的建议是，学会与他人对我们说的任何话进行同理连接。非暴力沟通给我们展示了这样做的一个方法，让我们在任何时候，不论他人的言行如何，都能看到他们身上的美。这要求与他人那时的感受和需要相联系，与其内心想法相联系。那样，我们就能听到他人在唱一首非常优美的歌。

我曾帮助过华盛顿州一个学校里一些12岁的孩子，教他们怎么与人进行同理连接，而他们希望我教他们怎么对付家长和老师。他们担心如果敞开心扉，袒露内心的真实想法，不知会得到怎么样的回应。其中一个学生说："马歇尔，我对我的一个老师就很诚实，我说我不理解，请她给我再讲解一遍。结果她说；'难道你没听课吗？我已经讲了两遍了！'"

另一个小伙子说："昨天我向我爸要一些东西。我试图对他表达我的需要，可是他说：'你真是家里最自私的小孩。'"

他们迫切想要我教他们如何与生活中使用以上这类语言的人进行同理连接，因为他们只会将之视为是针对自己的，认为自己有问题。我告诉那些学生，如果学会了与他人进行同理连接，你就会听到他们一直在唱一首美丽的歌表达着他们的需要。如果那时你和那个人的神圣能量相连，你在他人对你的每种看法背后所听到的，都是这首美丽的歌。

◆**问：你能就如何与他人进行同理连接举个例子吗？**

◇**答：**首先，你告诉他们，他们做了什么，你对此有什么感受，你的什么需要没有得到满足。现在，可以做些什么使人生更美好？这是一个明确的请求形式。我们需要提出请求——我们希望他们怎么做，以使我们的人生更美好。我们已经告诉了他们我们在他们的行为中感受到的痛苦，我们的什么需要没有得到满足。现在，我们要说明我们希望他们做些什么，以使我们的生活更美好。

非暴力沟通建议我们以积极主动的行动语言提出请求。让我解释一下我的意思：积极主动的请求，指的是你想要他们做的，而不是你不想要他们做的或你想让他们停止做的事。我们只有说清楚自己想要他们做的事，而不是仅仅告诉他们自己不想怎样，才能与他人达到另一个境界。

一个很好的例子是最近我的工作坊上有个老师说：“哦，马歇尔，你刚刚帮我弄明白了昨天发生的事。”

我问：“是什么事？”

她说：“当时我正在讲课，有个男生一直在轻敲课本。我便对他说：‘请你停止敲书好吗？’”结果，他转而开始敲桌子。

你看，告诉人们我们不想让他们做某事，与我们想让他们做某事大不相同。当我们试图让某人停止做某事时，惩罚看起来好像有效。但是，如果我们问自己两个问题，就永远不会再使用惩罚了。我们永远不要对孩子使用惩罚；我们要创造出一个司法系统，一个矫正系统，该系统不会因为罪犯过去所做的事而惩罚他们；我们也不要因为其他国家对我们做过的事而惩罚它们。惩罚是一个必输的游戏。

就像我之前提到过的，问了那两个问题，我们就能明白这一点。问题一：我们想让对方做什么？注意，不是我们不想让他们做什么，而是我们想让他们做什么。

再说一遍，如果只问这个问题，惩罚看起来有时仍然管用，因为我们大概可以回想起有些时候，我们使用了惩罚，从而成功地让他人做了我们想要的事。但是，加上第二个问题，我们就会发现，惩罚从来不起作用。第二个问题是什么呢？人们做了我们想让他们做的事，我们希望他们为了什么而这样做呢？

非暴力沟通的目的是创造联系，这样人们为他人做事是发自善心，出自与神圣能量的联系，出自服务生命的目的——不是出于对惩罚的恐惧，对奖励的期待，而是出于在为他人的幸福做贡献时感受到的自然喜悦。因此，当我们提出请求时，希望用积极的语言——我们想要对方怎么做。

◆问：怎样以请求的形式表达你的需要，而又不被人当作命令？

◇答：我们确实想给出明确的、肯定的请求，但是我们也想让其他人知道这是请求，不是命令。那么，这两者有什么不同呢？首先，你无法根据问话的和蔼度来分辨。所以，如果我们对与我们同住的某个人说："我希望你衣服不穿时挂起来。"这是一个请求还是一个命令呢？现在还无法判断。你无法从说话人的态度有多和善，表述有多清晰来分辨它是请求还是命令。决定两者区别的是，当人们没有做我们所请求的事时，我们对待他们的态度。据此，人们才能判断我们发出的是请求还是命令。

那么，当人们听见命令时会怎样呢？呃，有些人如果把你的请求当作命令，会很容易看出来。我有一次问我的小儿子："你能把你的外套挂在衣橱里吗？"他说："在我出生之前谁是你的奴隶？"好吧，我们很容易遇到这样的人，因为，如果他们把你的请求视为命令，你马上就能知道。但是另外一些人，当他们把你的请求当作命令时，回答迥然不同。他们口头上会说"好的"，但却不会去做。而最糟糕的情况是，这个人听到命令，回答"好的"，然后去做了！但是，他们去做的原因是他们听到了命令，害怕如果不去做会有什么后果。任何时候，如果一个人出于内疚、羞耻、责任、义务、恐惧惩罚而做了我们请求的事，我们都将为此付出代价。我们希望，人们只在自己与那种存在于每个人身上的神圣能量相联系时才为我们做事。于我，神圣能量体现在我们相互给予时感受到的喜悦中。我们这么做，不是为了躲避惩罚、内疚以及其他类似的东西。

◆问：那纪律呢？你所建议的听上去好像就是放任不管？

◇答：有些人认为如果不迫使人们去做事，你就无法在家庭里、在政府中建立秩序。比如，我帮助过的一位母亲说："马歇尔，你说得都很好，希望人们出于神圣能量而做出回应，但是对待孩子呢？我是说，孩子必须首先了解他们必须做的和应该做的。"这位母亲用了我认为现今世界上最具毁灭性的两个词，或者说概念："必须"和"应该"。她不相信孩子和成人一样，心中也有神圣能量，因此，也不相信孩子能够因为看到为他人的幸福做贡献的喜悦而做某事，而不是因为害怕被惩罚。

我对这位母亲说："希望今天可以教你一些和孩子沟通的其他方法，这样，你的话在他们听起来就会更多的是一种请求。他们看到你的需要，而不肯做是因为他们认为自己不得不这么做。他们看到了选择，就会出于心中的神圣能量来回应。"

她说："我每天都做了各种我讨厌做的事，但是这世上有些事你就是不得不做。"

我说："你能给我举个例子吗？"

她说："行。比如说，今晚我离开这里后，就不得不回家做饭。我非常讨厌这事儿，但这就是你不得不做的事情之一。我每天做饭做了20年。我讨厌做饭，但是有些事你就是不得不去做。"

看，她就不是出于神圣能量而做饭的，她这么做是出于另一种意识。因此，我对她说："好吧，我希望今天能教你一种思考和沟通的方式，这种方式会帮助你恢复与神圣能量的联系，并确保你只是出于神圣能量而做某事。然后，你可以和他人以这种方式沟通，那样的话他们也可以出于神圣能量而做某事。"

她学得很快。那晚回到家，她就对家里人宣布她再也不想做饭了。我从她的家人那里得到了一些反馈。三个礼拜后，出现在培训课上的是她两个儿子。他们在培训开始前过来跟我说："我们想告诉你，自从我们的母亲参加了你的工作坊后，我们家发生了多大的变化。"

我说："噢，好啊。你们知道，我一直非常好奇。她告诉我她在生活中做的各种改变，我一直在想这对她的家人有什么影响。很高兴你们今晚过来。那晚她回到家后说自己再也不想做饭了的情形是怎样的？”

她的大儿子告诉我说：“马歇尔，我对自己说：‘谢天谢地，现在她大概再也不会在每次饭后都抱怨了。’”

◆问：我怎么知道自己是否和其他人心中的想法相联系了呢？

◇答：每个人身上都有神圣能量，这股能量使善意的给予变得自然，当我们所做的事不是出于这股能量，而是因为应该、不得不、必须，出于内疚、羞耻、责任、义务或为了获得回报而依从文化性习得的做事模式时，那就是每个人都要为此付出代价的时候。非暴力沟通想让我们明白，除非我们的回应是出自这股神圣能量，否则就不要回应。当你乐意做他人请求做的事时，你就知道这是出于神圣能量。如果你唯一的动机就是使人生更美好，那么即使是件苦差事，一样会感到喜悦。

当我们把这一切总结到一起时，看起来就是这样的：我们可能告诉他人我们心中的感受和想法，以及我们想要他们做些什么来使我们的人生更美好，以此来与他人开始一段对话。然后，不管他们如何回应，我们都试着与他们内心的感受和想法相联系，了解什么会使他们的人生更美好。我们保持这样的沟通，直至找到特定方法来满足所有人的需要。我们希望能始终保证，不论人们同意采用什么方法，他们都是自由达成一致的，是出于为彼此的幸福做贡献的热切渴望而行动的。

◆问：你能再举个例子说明实际生活中你是如何运用这个方法来与他人沟通的吗？

◇答：我曾在一个国家的难民营工作——这个国家对美国不太满意。难民营聚集了大约170人，当我的翻译介绍我是美国人时，有个人跳起来冲我嚷道："凶手！"那天我很庆幸自己知道非暴力沟通，这让我能够看到那个人话语背后的美，看到他的内心感受、想法和人性。在非暴力沟通中，我们是通过倾听所有信息背后的感受和需要做到这点的。

于是，我对这个人说："你感到愤怒是不是因为我的国家没有满足你对支持的需要？"现在，需要我努力去感知他的感受和需要。我也许会感知错，但如果我们真诚地试图与其他人内在的神圣能量沟通——他们的感受，他们此刻的需要——那么，即使我们猜错了，这也向他们表明，不管他们如何与我们沟通，我们都在乎他们内心的感受和想法。当一个人相信这一点时，我们就要开始建立联系了，在这种联系中，我们每个人的需要都能得到满足。但这不会立刻发生，因为这位先生仍处在巨大的痛苦中。

不过，我碰巧猜对了。因为当我问："你感到愤怒是不是因为我的国家没有满足你对支持的需要？"他说："你他妈的说对了！"并补充道，"我们没有排水系统，没有住房，为什么你们却运来武器？"

我说："那么，先生，如果我没听错，你是说当你们需要像排水系统、住房这样的东西时，运来的却是武器，这让人非常痛苦。"

他说："当然啊。你知道28年来在这样的条件下生活是什么滋味吗？”

“所以，先生，你是在说这让人非常痛苦，你需要有人理解你们的生存现状。”一小时后，这位先生邀请我参加他家的斋月晚餐。

这就是我们与内心的感受、想法、彼此的人性以及任何信息背后的感受和需要相联系后的结果。这并不意味着我们总是要将这些大声说出来。有时，人们的感受和需要很明显，我们就不必说出来。他们能从我们的眼睛里感受到我们是否真的在努力与他们联系。

注意，这并不需要我们同意每个人的观点，也不意味着我们必须喜欢他们说的话。这只是意味着，我们将自己在场这个珍贵的礼物赠予他们：此时此刻我们关注他们内心的想法，对此感兴趣，真正地感兴趣——不是作为一种心理学技巧，而是因为我们想与他们此时此刻内心的神圣能量相联系。

◆问：用非暴力沟通与他人内在的神圣能量相联系的方法，理论上似乎很清楚，但实际做起来不会很难吗？

◇答：几乎所有学习非暴力沟通的人对此都有两点看法。第一，他们说这多容易——我是说，多么简单。只是问两个问题，我们所需要做的仅仅是将我们的沟通、我们注意力的焦点和意识集中在内心的感受、想法和能使人生更美好的事物上。多简单啊。第二，他们说这有多么难。怎么能有事情既如此简单又如此困难呢？

它难，是因为没人教我们要去体会自己内心的感受和想法。我们所受的教育是要我们适应这种少数人统治多数人的结构，要把最多的关注放在他人，特别是那些权威人士怎么看我们上。我们知道，如果他们评判我们是坏的、错的、无能的、愚蠢的、懒惰的、自私的，我们就会受到惩罚。如果他们给我们贴上好孩子或坏孩子、好员工或坏员工的标签，我们就会得到奖励或受到惩罚。也就是说，没有人教我们从内心的感受、想法和能使人生更美好的事物这两个方面来思考。

非暴力沟通建议我们让他人知道，对他们所做的事我们内心有何感受和想法。我们想在非暴力沟通中诚实，但我们是想在不使用任何暗示敌对意象、错误、批评、侮辱和心理判断语言的情况下诚实。

很多人认为，和某些人你就是无法以这种方式沟通。他们认为有些人就是不可救药，不管你使用什么样的沟通方式，都无法达到目的，但我的经验不是这样的。可能只是需要一点时间，就像我在某座监狱中提供培训时经历的那样。我不是说这种联系很快就能发生；需要花好些时间才能让因罪受罚的人们真正相信，我是真心对他们的内心感受和想法感兴趣。有时，保持那样并不容易，因为早些年间，囿于我所受的文化条件作用的影响，我不可能对这种沟通方式如此游刃有余。所以，学会非暴力沟通真的是个挑战。

◆问：你如何让敌人也认识到彼此内在的神圣能量？

◇答：当你让人们在神圣能量的层面上相联系时，就难以保持那些“敌人”的意象了。其实，我发现，要让人们放弃那种互相伤害、疏远生命的思维，转而乐于相互给予，最强大、快捷的方式便是非暴力沟通法。

胡图人和图西人，他们的家人被对方的人所杀，当我让他们直面彼此时，两三个小时后，我们就能让他们彼此关爱，这让人感到很惊奇。这样的结果是必然的——必然的。这就是我为什么使用这个方法。

考虑到他们之前的痛苦程度，我惊讶于这一改变竟是如此简单而快速！非暴力沟通真的能很快治愈那些经历了很多痛苦的人。这激发我想让非暴力沟通进展得再快一些，因为我们现在的方式是一次几个人，仍然需要花一些时间。

面对着八十万没有参加过我们培训的胡图人和图西人，以及世界上其他人，我们怎样才能让事情进展得更快一些？我想知道如果我们把这个方法拍成电影或电视节目会有什么效果，因为我发现，当其他人观看两个人进行非暴力沟通时，间接学习、治愈与和解同样会发生。我想探索利用媒体的方法，以便大家能一起很快地学会非暴力沟通。

◆问：我们有相互给予的需要，这个需要有多重要呢？

◇答：我认为，使人生更丰盈是我们共有的最基本、最强烈的需要之一。换言之，我们需要基于内在的神圣能量来行动。我还认为，当我们就是那股神圣能量时，就没有比使人生丰盈、比利用我们的巨大力量来使人生丰盈更让我们热爱的东西了——没有其他任何事能让我们在其中发现更多喜悦。

但是，每当我们努力满足我们使用这些神圣能量的需要、努力为生命做贡献时，伴随而来的就还有另一个需要和请求。我们需要信息，所以，我们请求对方给予我们反馈。我们想知道：“我所做的实现了我的目的吗？我试图做出贡献的努力成功了吗？”

在我们的文化中，我们想的是我们需要他人因为我们所做的事而爱我们，感谢我们所做的，肯定我们所做的，而这样的想法就把请求给扭曲了，扭曲并破坏了整个过程的美感。我们所需要的并不是对方的肯定，我们的真正目的是使用我们的能量来使人生更丰盈，但是我们需要反馈。如果得不到反馈，怎么知道自己的努力成功了没有呢？

我可以利用这种反馈来帮助我了解自己是否是出于神圣能量而做这些事的。当我能够像珍视感谢一样珍视批评的时候，我便知道自己是出于神圣能量。

◆问：你在进行非暴力沟通的过程中有没有遇到过文化或语言障碍？

◇答：这种情况很少，并且不足为道，这让我感到很惊奇。我第一次用其他语言教授非暴力沟通时，真的很怀疑是否可行。记得我第一次在欧洲时，计划先去慕尼黑，再去日内瓦。我和同事都怀疑我们能否用另一种语言做成这事。她将用法语授课，我也会在场，万一有什么情况，她好提问、咨询。我打算试试能否通过翻译来做成这事。谁知授课进行得十分顺利，没有任何问题，在其他地方也是一样。

所以我就不再担心这点了。我用英语讲，你翻译，这样完全没问题。我想不起来遇到过什么问题，除了一些鸡零狗碎的小事，但都不是关于非暴力沟通本质的重要问题。我们不但没有遇到问题，而且，在满世界培训后，各种人都告诉我，非暴力沟通本质上也是他们的宗教要义。这是老生常谈，他们都知道，很感激我们宣讲这些。但这并非什么新东西。

◆问：你认为灵性练习对实践非暴力很重要吗？

◇**答：**我在所有的工作坊中都建议人们花点时间问问自己这个问题："我选择怎样与其他人沟通？"然后尽可能地对此保持清醒认识——确定这是他们自己的选择，不是被程序设定而做出的选择。你究竟会选择什么方式与他人沟通？

感恩对我来说也起到了很大作用。如果我意识到自己想对某个行为表示感激，意识到那个行为发生时自己的感受——不管是我自己还是他人的行为，也不管它满足了我的什么需要——表达感激让我充分意识到我们人类拥有的丰富生命的力量。它让我意识到我们就是那股神圣能量，我们拥有这样的力量，能够使生命更美，没有比这么做更好的事情了。

对我来说，这就是神圣能量的有力证明，我们拥有使生命如此美好的力量，没有比这更让我们欢喜的了。这就是为什么我的灵性练习的一部分就是意识到感激并表达感激。

◆问：你是否曾受到甘地、马丁·路德·金等人那些试图调和灵性与社会变革的民权运动的影响？

◇**答：**嗯，我肯定受到了他们的影响，因为我研究过历史上那些用我所重视的方式将事情做成的人，而他们毫无疑问就是这样的两个人。我珍视的这种灵性是：你在为生命做贡献的过程中得到巨大的喜悦，而不仅仅是坐在那里思考——尽管思考也很可贵。但是，除了沉思以及思考得出的认识，我还想看到人们行动起来，创造他们想要生活于其中的世界。

推荐阅读

《非暴力沟通》，第二版，马歇尔·卢森堡博士

《这样说话，你我都是大赢家》，马歇尔·卢森堡博士

《开放和封闭的思想：信仰系统和个性系统本质探究》，弥尔顿·罗克奇

《存在的力量：新千年神学》，沃尔特·温克

《精神至关重要》，迈克尔·勒纳

《抵抗的灵性：寻找宁静之心，保护地球家园》，罗格·S.戈特利布

关于非暴力沟通中心

非暴力沟通中心是一个国际非营利调解组织，其愿景是建设一个让每个人的需要都能通过和平的方式得到满足的世界。非暴力沟通中心致力于支持非暴力沟通在世界范围内的传播。

非暴力沟通中心由马歇尔·卢森堡博士于1984年创立，促进了社会在思想、语言和行为方面的变革，教人们如何与人沟通联系，以激发善意的结果。非暴力沟通现在在全球广为传授，包括社区、学校、监狱、调解机构、教堂、商业机构、专业会议等。200多个通过资格认证的培训师和数百名普通讲师每年向35个国家的25万人传授非暴力沟通的知识。

非暴力沟通中心认为，非暴力沟通培训是建设充满同情心的和平社会的关键一步。您的免税捐赠将帮助非暴力沟通中心在世界上最贫穷、暴力最多的角落提供培训，也将支持组织项目的发展和继续，这些项目旨在把非暴力沟通带到急需它的区域和人群中去。

进行免税捐赠或想了解以下更多有价值的资源，可以访问cnvc.org网站上的内容：

更多信息，请联系：5600-A San Francisco Road NE, Albuquerque, NM 87109；

电话：505-244-4041；

传真：505-247-0414；

电子邮件：cnvc@cnvc.org；

网址：cnvc.org

□ 邀请函

这份书稿所欠缺的，是与马歇尔·卢森堡或非暴力沟通中心其他认证培训师面对面的交流。非暴力沟通信息的力量、温暖和深刻通过亲身参与得到强化。与观众的互动给学习过程增加了一个维度，这是纸上的文字所不能及的。如果你想亲眼看看马歇尔或非暴力中心的其他培训师，请访问cnvc.org网站查看非暴力沟通培训和演讲，以及世界范围内的非暴力沟通培训师和支持者的名单。

想获得非暴力沟通音频、光盘、书籍和更多材料，请访问cnvc.org网站。想获得更多的非暴力沟通书籍和出版信息，请访问NonviolentCommunication.com。

关于作者

马歇尔·卢森堡博士，是国际调解组织非暴力沟通中心的创始人和教育服务主管，著有《这样说话，你我都是大赢家》和畅销书《非暴力沟通》等。他曾荣获2006年地球村基金会和平之桥奖和2006年国际联合教会协会神言之光社会奖。

成长于动荡的底特律附近，马歇尔对新的沟通方式产生了浓厚的兴趣，这些方式能给他遇到的暴力提供一种和平的选择。由于兴趣使然，他在威斯康星大学师从卡尔·罗杰斯，并于1961年获得了临床心理学博士学位。他之后的生活经历和比较宗教研究激发他研究出了非暴力沟通方法。

马歇尔于20世纪60年代在联邦政府资助学校联合项目中首次使用非暴力沟通方法，提供调解和沟通技巧培训。1984年他创立了非暴力沟通中心，目前拥有来自全球35个国家的200多个非暴力沟通认证培训师。

□ 所获荣誉：

2006：地球村基金会和平之桥奖

2006：国际联合教会协会神言之光社会奖

2004：国际宗教科学金著作奖

2004：健康、快乐、神圣组织（3H组织）颁发的国际和平祈祷者和平者奖

2000：国际倾听组织年度倾听者奖

马歇尔手持吉他和木偶，在世界上最暴力的部分地区旅行多年，带着充满空间的精神能量向我们展示如何创造一个更加和平、更令人满意的世界。马歇尔现居新墨西哥州的阿尔伯克基。